환경실용주의

13가지 물음으로 읽는 새로운 환경철학

김일방 지음

보고사
BOGOSA

지은이의 말

환경문제가 대중적 의제로 자리 잡는 데에는 역사학자 린 화이트(Lynn White, Jr.)의 공이 크다. 1967년에 발표된 그의 논문 「생태 위기의 역사적 기원」은 환경문제에 대한 사회적 인식을 널리 파급시켰으며, '환경윤리학'이 하나의 학문 분야로 움트는 데도 기여하였다. 화이트는 이 글에서 생태 위기의 원인으로 인간의 이익을 위해서라면 얼마든지 자연을 지배할 수 있다는 '인간중심주의' 사고를 지목한다.

나아가 그는 이러한 인간중심주의 사고가 자리 잡게 된 배경에는 그리스도교가 있다고 본다. 곧, 그리스도교에 의해 '인간이 자신을 위해 자연을 착취하는 것은 신의 의지'라는 관념이 도입되었다는 주장이다. 이러한 사고를 토대로 점차 '과학'과 '기술'의 발전과 융합이 이루어지고, 이에 의해 자연 착취의 폭과 깊이가 확대됨에 따라 작금의 생태 위기가 초래되었다는 게 화이트의 견해이다.

환경윤리학은 이러한 주장의 영향을 받아 형성된 만큼 그 출발선에서부터 탈인간중심주의를 강조하지 않을 수 없었다. 나아가 인간에 의한 자연의 도구적 이용을 종식하고 자연물에 대한 도덕적 배려를 강조하면서, '자연의 내재적 가치'를 옹호하는 입장으로 발전하였다. 자연은 더 이상 인간의 이익을 위한 단순한 도구·수단이 아니라, 인간이 도덕적으로 배려해야 할 새로운 대상으로 인식해야 한다는 사고의 전환을 주장하게 된 것이다. 이른바 자연물에도 고유한 내재적 가치가 있고 이를 인정해야 한다는 주장이다. 이러한 주장은 내재적 가치의 부여 범위에 따라 인간·동물복지주의, 생명중심주의, 생태중심주의 등의 입장으로 분화되었고 이에 따른 활발한 연구도 이어졌다.

이처럼 무의식적으로 자행되어 온 자연환경의 파괴와 착취를 반성하고 새로운 방향을 모색한 것은 철학적으로 의미 있는 변화이자 진전이라 할 수 있다. 이러한 학문적 성과 덕분에 1960년대 후반에 등장한 환경윤리는 '환경윤리학'이라는 명칭이 전혀 어색하지 않을 만큼 학문적 토대 또한 구축할 수 있었다. 하지만 1990년대에 접어들면서 환경윤리학은 점차 초기의 매력을 잃고 빛이 바래기 시작했다. 생태 위기에 대응하여 자연에 대한 인식의 전환과 태도의 변화를 지향했지만, 그 성과가 이론적 논의에 머묾으로써 구체적 실행에는 별다른 영향을 끼치지 못했기 때문이다.

환경윤리학은 대두 이래 줄곧 '자연물의 내재적 가치'나 '세대 간 윤리'와 같은 형이상학적 논의에 치중해 온 탓에 현실적인 환경 문제의 해결에는 유의미한 기여를 하지 못하였다. 이러한 한계에 대한 반성과 비판 속에서 웨스턴(Anthony Weston)의 선구적인 주장을 출발점으로 삼아 라이트(Andrew Light)와 노턴(Bryan Norton) 등은 1990년대 중반에, 이른바 환경실용주의를 주창하였다.

환경실용주의는 그 이름이 시사하듯 '프래그머티즘'의 성격을 지닌다. 좀 더 자세히 들여다보면, ① 형이상학적 진리를 부정하는 반형이상학, ② 실험·관찰과 같은 실천적·경험적 태도 중시, ③ 현상을 초월한 본질적 세계는 존재하지 않는다는 반본질주의, ④ 다원주의·맥락주의, ⑤ 선험적 원리보다 실천적 참여의 강조, ⑥ 형이상학적 논의보다 구체적인 문제 해결 지향 등의 특성을 갖는다. 요컨대 환경실용주의는 환경문제 관련 의사결정과 정책 형성에 직접적인 영향력을 행사할 수 있는 실행 가능성을 최우선의 가치로 삼는다.

이 책이 의도하는 바는 환경실용주의의 실체를 밝히고 그 개념을 널리 알리는 데 있다. 우리나라에 환경철학이 도입된 것은 1990년대 중반 무렵으로, 발상지인 미국보다 약 30년가량 늦었다. 이러한 시간적 간극은 환경철학의 세계적 논의의 흐름을 온전히 따라잡지 못하게 하는 불가피한 한계로 작용하였다.

하지만 이제 국내 환경철학의 역사도 어느덧 30년에 이르렀고, 그동안의 연구 성과 또한 상당량 축적되었다. 이러한 상황을 감안한다면 우리 학계에서도 제2세대 환경철학이라 할 수 있는 환경실용주의 연구의 문을 열어갈 여건이 성숙했다고 볼 수 있다. 이미 세계적 차원에서 환경철학은 '2.0 시대'로 접어든 지 한참이 흘렀다. 그럼에도 국내 연구만이 여전히 '1.0 시대'에 머물러 있다면, 이는 스스로를 우물 안 개구리의 처지에 가두는 어리석음을 자초할 수 있다.

필자는 오래전부터 이러한 문제의식을 품어 왔으며, 환경실용주의라는 새로운 흐름이 국내에서도 본격적으로 논의되기를 기대해 왔다. 하지만 안타깝게도 환경실용주의에 관한 체계적 연구는커녕 그 기본적인 소개조차 이뤄져 있지 않은 게 우리의 현실이다. 바로 이 지점에서 환경실용주의 연구는 시의적절하면서도 긴요한 과제라 할 수 있고, 우선 그 개념에 대한 명확한 안내부터 필요하다고 본다.

그런 의미에서 이 책은 전문 연구서이기보다는 연구자와 일반 독자 모두가 쉽게 접근할 수 있는 안내서를 지향한다. 환경실용주의의 성립 배경, 사상적 위상과 특징, 주요 논점과 쟁점 등을 명료하게 정리함으로써 환경문제에 관심 있는 독자라면 누구나 읽을 수 있도록 길잡이 역할을 하고자 한다.

환경실용주의는 무엇보다 행동과 실천을 강조한다. 그리고 이는 궁극적으로 개인이 속한 공동체를 더 나은 곳으로 만들고, 나아가 인류 공동체 전체를 생태 친화적 공간으로 전환하려는 목적으로 수렴된다. 기후변화를 예로 들어보자. 원인을 아무리 정확히 분석한다 해도 개인과 사회, 국가 차원의 실천이 뒤따르지 않으면 온실가스 감축은 불가능해진다. 환경문제 해결은 반드시 구체적 행동으로 이어져야 하며, 동시에 그 해결은 지구촌 전체의 공동체적 과제로 인식되어야 한다.

과분한 바람일지 모르나 이 책이 환경문제 해결을 위한 작은 실마리를 제공할 수 있기를 기대한다. 아무리 정교한 환경윤리 이론이라 하더라도 그것이 정책으로 구체화되어 사람들의 행동으로 이어지지 못한다면 현실에서 힘을 잃을 수밖에 없다. 우리는 현실 속에서 문제를 발견하고, 현실 속에서 그 해법을 모색하는 데서 출발해야 한다. 환경실용주의는 사유와 실행이 만나는 바로 그 지점에서, 우리에게 요구되는 자연관이 무엇인지 묻고 가능한 답변을 함께 모색하자고 제안한다.

이 책이 세상의 빛을 보기까지는 여러분들의 도움이 컸다. 먼저 책의 취지를 깊이 이해하시고 흔쾌히 출간을 결정해 주신 보고사 박현정 부장님께 감사드린다. 아울러 책의 가독성을 높이고자 꼼꼼한 교정·교열과 윤문에 신경 써준 이경민 대리님께도 깊은 감사의 마음을 전한다. 부디 이 책이 많은 독자들의 관심을 끌어 환경문제 해결에 조금이나마 기여할 수 있다면, 나아가 보고사의 발전에도 작은 보탬이 된다면 더 이상 바랄 것이 없겠다.

2025년 11월
아라동 연구실에서
김일방

차례

01
환경실용주의는 왜 등장했을까?

이 장을 열며

1960년대 후반, 미국 사회는 과학기술 문명의 눈부신 성취와 그 이면에 드러난 그림자를 동시에 마주했다. 아폴로 11호의 달 착륙은 인류가 과학기술로 새로운 시대를 열 수 있음을 보여주었지만, 동시에 핵무기 개발, 환경오염, 자원 고갈, 자연 파괴 등 심각한 문제를 드러냈다. 이러한 위기의식 속에서 청년 세대를 중심으로 대항문화 운동이 일어났고, 새로운 규범적 기초를 모색하는 과정에서 '환경윤리'라는 신생 학문이 탄생했다.

환경윤리는 처음에 인간중심주의를 넘어서는 비인간중심주의적 윤리를 정립하는 데 초점을 맞추었고, 이어서 '자연의 내재적 가치'를 정당화하는 문제가 주요한 쟁점으로 떠올랐다. 그러나 이 과정에서 환경윤리학은 네 가지 논쟁 - ① 인간중심주의 대 비인간중심주의, ② 개체주의 대 전체주의, ③ 도구적 가치 대 내재적 가치, ④ 도덕적 일원론 대 도덕적 다원론 - 이라는 양자택일의 틀에 지나치게 매몰되었다. 그 결과 이론적 논의는 풍부해졌지만, 실제 정책이나 사회적 의사결정에 영향을 주는 데는 실패했다.

라이트(Andrew Light, 1966~)와 캐츠(Eric Katz, 1952~)는 이러한 상황을 비판하며, 환경윤리학은 현실적 문제 해결로 나아가야 한다고 주장한다. 그들이 제안한 '환경실용주의'는 철학적 정합성에만 머무르지 않고, 구체적 환경문제와 정책 형성에 실질적으로 기여하는 열린 탐구의 길을 지향한다. 1장은 환경실용주의가 등장하게 된 배경을 기존 환경윤리학의 한계와 실패에서 찾으며, 이론 중심의 논의를 넘어 현실적 해결책을 모색하는 새로운 패러다임의 필요성을 보여준다.

---

1. 환경윤리학의 이론적 성취와 실천적 한계

1960년대 후반 미국에서는 청년층을 중심으로 한 '대항문화'운동이 일어나 서양의 근대 과학기술에 기반한 주류문화에 근본적 이의를 제기하였다. 특히 1969년 아폴로 11호의 달 착륙은 근대 과학기술이 인류에게 물질적·경제적 번영을 선사할 수 있음을 극적으로 보여준 사건이었다. 하지만 동시에 그 이면에 숨어 있던 부정적 측면 또한 뚜렷하게 드러났다. 대량살상무기 개발, 살충제 남용, 환경오염, 자원 고갈, 자연 파괴 등의 부정적 결과가 누적됨에 따라 과학기술 문명에 대한 비판과 더불어 환경운동, 반전운동, 인권운동 등이 사회 전반으로 확산된 것이다. 이러한 사회·문화적 흐름 속에서 환경보호를 위한 새로운 규범적 기초가 모색되었고, 그 결과 '환경윤리'라는 혁신적 윤리가 부상하였다.

이처럼 환경윤리학은 1960년대 후반에서 1970년대 초반 사이 미국에서 형성된 비교적 신생 학문으로, 규범윤리학과 구별되는 응용윤리학의 한 분야로 분류된다. 환경윤리학에 관한 연구가 본격화되던 초기에는 인간중심주의를 극복하고 비인간중심주의에 기초한 윤리 체계를 정립하는 일이 핵심 과제였다. 이후 1980년대 중반으로 오면서 환경윤리의 주요 쟁점은 '자연의 내재적 가치'를 어떻게 정당화할 것인가 하는 문제로 확장·심화되었다. 다시 말해, 자연은 단지 인간을 위한 도구적 가치만이 아니라 그 자체로 존중받아야 할 독자적 가치를 갖는지를 이론적으로 논증하는 작업이 중요한 연구 목표로 부상한 것이다.

라이트[1]와 캐츠[2]에 따르면 기존의 환경윤리학에서 전개된 논의는 크게 네 가지 범주로 구분할 수 있다.[3]

1 조지메이슨대학교의 철학, 공공정책, 대기과학 교수이자 철학 및 공공정책 연구소 소장을 역임했다. 최근에는 바이든 대통령의 지명으로 2021년 8월부터 2025년 1월까지 미국 에너지부 국제업무 담당 차관보로 활동했고, 이후 조지메이슨대학교로 복귀하여 석좌교수로 재직 중이다. 그는 환경실용주의와 환경윤리, 기술과 사회의 관계를 주된 연구 분야로 삼아왔으며, 100편 이상의 논문과 19권의 저서 및 편저를 출간했다. 주요 저서로는 『환경실용주의』, 『환경 가치』, 『환경윤리학의 동반자』 등이 있고, 생태복원, 도시의 지속가능성, 기후변화 대응 등 실천적 환경문제 해결에 초점을 두고 있다.

2 미국의 철학자이며 환경철학과 기술윤리 분야의 권위자로 뉴저지 공과대학교 철학과 명예교수이자 조지메이슨대학교 석좌 선임연구원으로 활동하고 있다. 그는 인간이 자연을 도구적으로 대하는 태도를 비판하며, 자연이 그 자체로 존중받아야 할 내재적 가치를 지닌다고 주장한다. 이는 환경실용주의자와 대립하는 입장으로 환경윤리학 내에서 중요한 논쟁을 일으켰다. 특히 그는 생태복원 정책에 대한 비판으로도 잘 알려져 있다.

첫 번째는 인간중심주의 대 비인간중심주의 논쟁이다.

인간중심주의는 기본적으로 "인간만이 윤리적으로 고려할 가치가 있는 존재이며, 그 이외의 존재들은 인간의 복지를 위해 수단으로 이용될 수 있다"고 본다. 이러한 입장은 자연을 인간의 목적, 이익을 위한 수단으로 여기는 사고방식으로 고전적인 서양 사상의 뿌리 깊은 전통에서 유래한다. 그 전형적인 사례로는 인간을 '만물의 영장'으로, 자연을 인간의 지배·관리의 대상으로 보는 관점을 들 수 있다.

반면에 비인간중심주의는 인간만이 아니라 인간 이외의 존재 역시 도덕적으로 고려되어야 한다는 입장이다. 즉, 인간만을 윤리적 주체로 보는 것이 아니라 생명체나 생태계 전체에도 그 자체의 가치가 있음을 인정해야 한다는 것이다. 이러한 입장에서는 자연을 단순한 수단이 아니라 그 자체로 존중받아야 할 존재로 여긴다.

두 입장 간 논쟁의 초점은 환경문제에 대응할 때 기존 윤리 체계를 그대로 유지하거나 약간 수정하는 것만으로 충분한지, 아니면 윤리와 세계관 자체를 근본적으로 바꿔야 하는지에 있다. 인간중심주의는 전통적 윤리를 유지하거나 약간 수정하는 것만으로도 자연을 책임감 있게 다룰 수 있다고 주장하지만, 비인간중심주의는 도덕적 고려 대상의 범위를 넓히고 세계관을 근본적으로 전환하지

---

3 Andrew Light & Eric Katz, "Introduction: Environmental Thought and Classical American Philosophy," in Andrew Light & Eric Katz, eds., *Environmental Pragmatism*(New York: Routledge, 1996), pp.2-3 참조.

않으면 환경보호가 어렵다고 본다.

두 번째는 개체주의 대 전체주의 논쟁이다.

인간중심주의를 강한 인간중심주의와 약한 인간중심주의로 나눌 수 있듯이, 비인간중심주의 내부에도 서로 다른 두 가지 입장이 존재한다. 하나는 '생명 개체의 복지'를 윤리적 고려의 중심에 두는 개체주의로, 이는 생명중심주의라고 불린다. 다른 하나는 '자연을 하나의 통합된 생태계 시스템'으로 파악하고 그 전체의 조화와 균형을 중시하는 전체주의로, 이는 생태중심주의라고 불린다.

개체주의 또는 생명중심주의의 대표적 논자로는 싱어(Peter Singer, 1946~)를 들 수 있다. 그는 『동물해방론』에서 인간이 동물을 착취하고 학대하는 배경에는 인간의 편의와 쾌락을 우선시하는 '종차별주의'가 있다고 비판한다. 그는 생명체의 고통을 피할 권리는 인간과 마찬가지로 동물에게도 있다고 주장하며, 인간의 이익을 위해 동물을 희생시키는 것은 정당화될 수 없다고 본다. 이러한 관점은 '쾌·고 감수 능력'을 도덕적 고려의 기준으로 삼는 공리주의적 사고에 기초하고 있다.

반면 전체주의 또는 생태중심주의의 대표적 사상가로는 레오폴드(Aldo Leopold, 1887~1948)를 들 수 있다. 그는 '대지윤리'라는 글에서 인간과 자연의 관계를 근본적으로 다시 정의해야 한다고 주장한다. 그는 생태학적 시각을 토대로 토양, 물, 식물, 동물 등 생태계를 구성하는 모든 존재를 포괄하는 '대지(land)'라는 개념을 제시한다. 나아가 그는 인간 또한 이 대지 공동체의 한 구성원으로서 자연을 지배하는 존재가 아니라 함께 살아가는 존재임을 자각할 것을 강조한다.

이 두 입장 간 논쟁의 초점은 우리가 지켜야 할 자연이란 개별 생명체인지, 아니면 생태계 전체인지에 있다. 개체주의 입장에서 보면, 전체주의는 생태계 보전을 이유로 개별 생명을 희생시킬 수 있다는 점에서 비판 대상이 되며, 일부에서는 이를 환경파시즘이라 부른다. 반대로 전체주의 입장에서 보면, 개체주의는 개별 생명체에 지나치게 집중한 나머지 생태계 전체의 건강과 균형을 간과한다는 문제가 제기될 수 있다.

세 번째는 도구적 가치 대 내재적 가치 논쟁이다.

앞서 살펴봤듯이, 인간중심주의와 비인간중심주의의 논쟁은 결국 자연의 가치를 어떻게 볼 것인가 하는 문제와 밀접하게 연결되어 있다. 즉, 인간중심주의는 자연의 가치를 인간의 목적이나 필요에 도움이 되는 한에서만 인정하는 '도구적 가치'로 본다. 반대로 비인간중심주의는 자연을 그 존재 자체만으로도 존중받을 이유가 충분한 '내재적 가치'의 주체로 여긴다.

자연을 도덕적 고려의 대상으로 볼 것인지, 아니면 단순히 이용의 대상으로 볼 것인지의 차이는 '보전(conservation)'과 '보존(preservation)'의 개념 차이에서도 드러난다. '보전'은 인간이 자연을 이용하면서도 지속 가능하게 관리해야 한다는 입장인 반면, '보존'은 인간의 이용 여부와 상관없이 자연 그 자체를 있는 그대로 지켜야 한다는 입장이다.

예를 들면, 20세기 초 미국의 자연보호운동에서 두 입장은 뚜렷하게 대립한 적이 있다. 대표적 인물은 핀쇼(Gifford Pinchot, 1865~1946)와 뮤어(John Muir, 1838~1914)였다. 핀쇼는 '자연의 최대 이용은 인간의 최대 이익을 위해 이루어져야 한다'고 보았고, 뮤어는 '자연은 인간의 목적을 위해서가 아니라 그 자체로 신성하다'라고 주장했다. 전자는 인간 중심적 '보전'의 입장인 반면, 후자는 비인간 중심적 '보존'의 입장이라 할 수 있다.

네 번째는 도덕적 다원론 대 도덕적 일원론 논쟁이다.

이는 환경윤리에서 여러 가지 도덕원리나 가치를 모두 인정할 것인지, 아니면 하나의 궁극적 원리에 따라 윤리 체계를 세워야 하는지를 둘러싼 대립이다. 즉, 환경문제를 판단할 때 사례마다 서로 다른 윤리 기준을 적용할 것인지, 아니면 항상 일관된 하나의 기준으로 판단해야 하는지가 핵심 쟁점이다.

스톤(Christopher Stone, 1937~2021)은 환경문제가 매우 복잡하고 다양한 가치를 포함하고 있기 때문에 단 하나의 원리로 모든 문제를 설명하거나 해결하기는 어렵다고 본다. 그래서 그는 도덕적 다원론을 주장한다. 즉, 상황에 따라 서로 다른 가치와 원리를 조화롭게 적용해야 한다는 입장이다.

반면에 캘리콧(J. Baird Callicott, 1941~)은 하나의 통일된 도덕적 세계관이 없다면 윤리 판단이 혼란스러워질 수 있다고 본다. 여러 원리가 동시에 적용되면 서로 충돌할 때 어떤 기준을 따라야 할지 모호해진다는 것이다. 따라서 그는 도덕적 일원론, 즉 일관된 윤리

원리에 기초한 판단이 필요하다고 주장한다.

라이트와 캐츠에 따르면 환경윤리학은 대두 이래 줄곧 위와 같은 'A인가 B인가?' 하는 양자택일식의 이분법적 문제를 설정해 놓고, 그 중 어느 한쪽을 선택한다는 틀에 호소해 왔다. 그 결과 학계에서는 비인간중심주의, 전체주의, 내재적 가치론, 그리고 도덕적 일원론이 주류적 입장으로 자리 잡게 되었다.[4]

하지만 라이트와 캐츠는 바로 이러한 주류적 경향에 이의를 제기한다. 그들에 따르면, 환경윤리학은 앞서 살펴본 네 가지 이론적 쟁점에 과도하게 몰두한 나머지, 정작 현실의 환경문제에 대한 실질적 해결책을 제시하는 일에는 소홀하였다. 또한 주류적 입장과 다른 견해를 옹호하거나 새로운 관점을 제시하는 사람들의 목소리도 충분히 수용하지 못했다. 오히려 주류적 입장이 하나의 통일된 정답처럼 고착되면서, 다양한 논의가 억제되고 학문적 논의가 경직된 틀에 갇히게 되었다는 것이다.

결국 이러한 상황은 환경윤리학이 실천적 대응력을 잃고, 이론적 논쟁만 반복하는 침체와 교착상태에 빠지는 결과를 낳았다고 그들은 비판한다. 이와 관련하여 그들은 이렇게 말하고 있다.

> 환경철학자들의 내부적 논의는 과연 흥미롭고, 지적으로 자극적이며 공을 많이 들이긴 했지만, 환경과학자나 실무가, 정책 입안자들의 의사결

4 Ibid., p.2 참조.

정 과정에는 아무런 현실적 영향도 끼치지 못한 것으로 평가된다. 환경윤리학 내부의 주요 개념들은 보아하니 생기가 없다. 요컨대 그 개념들은 흄(David Hume, 1711~1776)의 『인간본성론』과 같이 인쇄기에서 사산하고 있다.[5]

환경철학자들 사이의 논의는 학문적으로 흥미롭고 지적인 가치가 있지만, 그것이 현실적 환경정책이나 의사결정에는 거의 영향을 끼치지 못했다는 의미이다. 달리 말하면 환경윤리학이 이론적 측면에서는 많은 성과를 거두었을지 모르나, 실천적 대응 측면에서는 철저히 실패했다는 진단이다.

2. 한계에 대한 실천적 대안: 환경실용주의

위와 같은 진단을 토대로 라이트와 캐츠는 환경윤리학이 더 이상 추상적 이론 논쟁에 머무르는 학문으로 남아 있어서는 안 되며, 실제 환경위기에 대응하는 실천적 기획으로 재구성되어야 한다고 주장한다. 그들에 따르면 오늘날의 환경위기는 이론적·개념적 정교함의 부족에서 왔다기보다, 이미 드러난 문제들에 충분히 개입하지 못한 실천의 결핍에서 비롯된 측면이 크다.

따라서 환경윤리학의 핵심 과제는 새로운 이론을 하나 더 보태

5 Ibid., p.1.

는 데 있는 것이 아니라, 지금까지 축적되어 온 이론적 논의들을 현실의 정책 형성, 제도 설계, 시민사회의 실천과 효과적으로 연결시키는 방향으로 재배열하고 재해석하는 데 있다고 그들은 본다. 이러한 맥락에서 라이트와 캐츠는 환경철학이 스스로에게 요구해야 할 것은 '더 많은 이론적 확실성'이 아니라 '불완전한 조건 속에서도 책임 있게 행동하려는 실천적 용기'라고 강조하며, 이 점을 분명히 하기 위해 다음과 같이 말한다.

> 우리 앞에 놓인 환경위기는 더 이상 부인할 수 없는 분명한 현실이다. 그렇기 때문에 환경철학은 이 위기가 무엇을 의미하는지, 왜 발생했는지, 그리고 어떤 해결책이 가능한지를 고민하고 답을 제시해야 한다. … 철학적 논의의 목적은 추상적인 이론을 다듬는 데 머물지 않고, 현실적 환경문제를 직접적으로 해결하는 데 두어야 한다. 요컨대 환경윤리학은 '완벽한 이론'을 만들겠다는 명분 아래 끝없는 논쟁에만 빠져 시간을 허비해서는 안 되며, 현실의 문제를 풀기 위한 방향으로 나아가야 한다.[6]

환경윤리학은 더 이상 소모적인 추상적 논쟁에 머물러선 안 되며, 불확실성을 안고서라도 구체적 실천으로 나아가야 한다는 의미이다. 이러한 문제의식에서 그들은 새고프(Mark Sagoff, 1941~)의 말까지 인용하고 있다.

---

6 Ibid.

우리는 확실성 없이도 어떻게든 실천해야 한다. 지금 필요한 것은 이론적 문제가 아니라 현실적 문제를 해결하는 것이다. 또한 우리가 추구하는 목적은 그것을 달성하기 위해 실제로 사용할 수 있는 수단에 맞게 조정되어야 한다. 그렇지 않으면 방법은 도덕성의 장애물이 되고, 교리적 신념은 깊은 성찰의 적이 된다. 나아가 우리가 이론적으로 꿈꾸는 이상적인 사회는 오히려 현실에서 실현 가능한 좋은 사회를 가로막는 무서운 적이 될 수 있다.[7]

환경윤리학의 과제는 완벽한 이론적 정당성을 확보하는 데 있지 않다는 주장이다. 오히려 불완전하고 제한된 조건 속에서도 현실적으로 가능한 최선의 길을 찾아 행동하는 것, 바로 여기에 환경윤리학의 진정한 의의가 있다는 의미이다.

결국 라이트와 캐츠의 주장은 환경윤리학이 이제 이론적 담론에 머무를 것이 아니라 실제적 환경정책에 영향을 끼칠 수 있는 방향으로 전환되어야 한다는 데 있다. 즉, 환경윤리학은 학문적 탐구의 초점을 현실적 문제 해결로 이동시키고, 정책 형성 및 의사결정 과정에 실질적 기여를 하는 것을 목표로 삼아야 한다는 의미이다.

그들은 바로 이러한 입장을 '환경실용주의'라고 명명하며, 이를 '인간과 환경의 관계에서 발생하는 구체적이고 현실적인 문제들에 대한 열린 탐구(the open-ended inquiry)'[8]라고 정의한다. 여기서의

7 Mark Sagoff, *The Economy of the Earth*(Cambridge: Cambridge University Press, 1988), p.14.

'열린 탐구'란 하나의 이론이나 원리에 얽매이지 않고, 다양한 방법과 가치, 원칙을 유연하게 활용하여 문제 해결을 모색하는 태도를 뜻한다. 다시 말해, 교조적이고 일원론적인 접근 대신, 상황에 맞게 현실적인 해결책을 찾아가는 실천적 철학을 지향한다는 의미이다.

요컨대 환경실용주의가 대두하게 된 결정적 배경은 기존 환경윤리학의 한계와 실패에 있다. 기존 환경윤리학은 인간중심주의 극복이나 내재적 가치의 논증과 같은 추상적 이론에 치중한 나머지, 현실적 문제 해결에는 크게 미흡했다. 환경실용주의는 이러한 반성을 토대로, 환경윤리학을 이론적 교조주의에서 벗어나 실질적 환경문제 해결과 정책적 실천의 방향으로 전환시키려는 시대적 요구 속에서 등장한 것이다.

---

8 Light & Katz, "Introduction," p.2.

02

환경실용주의는 어떤 사상적 위상과 특징을 가질까?

이 장을 열며

2장에서는 환경실용주의의 사상적 위상과 주요 특징에 대해 살펴본다. 환경실용주의는 자연에 대한 무조건적 비개입을 주장하는 보존주의를 비판하고, 생태학적 이해에 근거한 신중하고 책임 있는 개입을 지지한다. 이는 자연을 인간과 분리된 존재가 아닌 상호 의존적 관계 속의 일부로 이해하려는 시도이며, 인간의 행위가 생태적 조화를 이루어야 한다는 관점을 반영한다.

사상적으로 환경실용주의는 강한 비인간중심주의와 강한 인간중심주의 사이의 중도적 입장에 위치한다. 듀이(John Dewey, 1859~1952)의 사상에서 영향을 받은 이러한 관점은 인간을 만물의 지배자가 아니라 자연의 일부로 파악하며, 지성과 경험을 바탕으로 자연과 조화로운 관계를 형성할 책임이 있음을 강조한다.

또한 환경실용주의는 고전적 실용주의와의 연계, 이론·정책·실천 간의 간극 해소, 규범적 공통 기반의 모색, 도덕적 다원론의 정립 등 다양한 연구 지향을 포괄한다. 그 주요 특징으로는 인간과 자연의 이원론 거부, 도덕적 다원주의 수용, 반기초주의적 태도, 현실과 맥락 중심의 접근, 실효성의 중시, 그리고 민주적 절차의 강조 등을 들 수 있다. 이러한 특징들은 환경실용주의를 단일한 원칙에 기초한 교조적 이론이 아니라, 현실의 환경문제를 해결하기 위한 유연하고 실천적인 전략으로 자리매김하게 한다.

요컨대, 이 장은 환경실용주의의 사상적 기반과 전략적 특징을 종합적으로 조망함으로써, 이를 환경문제 해결을 지향하는 실천적 철학으로 이해해야 함을 보여주고자 한다.

---

1. 환경실용주의의 사상적 위상

환경실용주의자들은 환경윤리학이 단순히 이론적 논의에만 머무르는 것을 비판하며, 실제 환경정책에 도움이 되는 방향으로 전환해야 한다고 본다. 이들에게 중요한 것은 이론적 완결성이 아니라, 구체적이고 현실적인 해결책을 찾아내는 일이다. 따라서 그들은 환경문제 해결 과정에 직접 참여하고, 정책 형성과 의사결정에 실질적인 영향을 미치는 것을 중요한 과제로 삼는다.

이러한 이유로 환경실용주의자들은 실험과 탐구, 관찰과 경험을 중시한다. 이들은 이러한 실천적 접근 없이는 환경문제를 제대로 이해하거나 해결할 수 없다고 본다. 따라서 일정 수준의 자연 개입은 불가피하다고 판단하며, 인간이 자연에 전혀 손대지 말아야 한다는 보존주의 입장을 거부한다.

이러한 관점에서 실용주의자인 셸렌버거(Michael Shellenberger, 1971~)와 노드하우스(Ted Nordhaus, 1965~)는 자연보존주의의 근본 전제를 부정한다. 그들은 또한 환경운동에서 인간의 야망과 혁신을 가로막는 '한계의 정치학'(politics of limits)도 배격한다. 나아가 두 사람은 같은 시각에서 카슨(Rachel Carson, 1907~1964)까지 비판한다. 카슨이 『침묵의 봄』에서 자연을 통제하려는 인간의 욕망은 '오만'하다고 지적했는데, 셸렌버거와 노드하우스는 이러한 언급이야말로 오히려 인간과 자연의 관계를 지나치게 단절시키고, 문제 해결의 범위와 가능성을 제한한다고 본다.

셸렌버거와 노드하우스에 따르면, "카슨과 같은 환경보호주의자들은 인간의 개입을 가장 싫어하며, 자연 통제의 모든 시도가 결국 비극으로 끝난다고 믿는다". 그러나 그 두 사람은 이러한 태도야말로 '보존주의의 굴레에 사로잡힌 시대착오적 발상'이라고 맹비판한다.[1]

이처럼 환경실용주의는 자연에 대한 '불개입 원칙'을 내세우는 전통적 보존주의와 달리 인간의 능동적 개입을 긍정한다. 하지만 그렇다고 하여 인간의 개입을 무제한적으로 허용하거나 무분별한

---

1 Ben A. Minteer, "Pragmatism: Environmental Ethics, Sustainability Science, and the Recovery of Pragmatism," in Stephen M. Gardiner and Allen Thompson, eds., *The Oxford Handbook of Environmental Ethics*(New York: Oxford University Press, 2017), pp.535-536 참조.

개입을 옹호하는 것은 아니다. 오히려 환경실용주의는 인간의 자연 개입은 정교하고 섬세해야 하며, 더 깊은 생태학적 이해를 바탕으로 수행되어야 한다는 점을 강조한다.

사상적 관점에서 볼 때, 환경실용주의는 원시주의와 프로메테우스주의라는 두 극단의 중간 지점에 위치한다. 원시주의는 자연과의 합일을 상징하는 입장으로, 고대 원시사회에서는 자연을 신성한 존재로 숭배하였다. 이는 자연 속에 우주의 신성한 힘, 곧 '위대한 여신'이 내재한다고 믿었기 때문이다. 이 위대한 여신은 모든 생명을 산출하는 생명력의 원천으로 여겨졌다.

따라서 인간은 이러한 생명력의 원천을 자연 안에서 인식하며, 스스로 자연과 하나가 되고자 했다. 이러한 맥락에서 자연을 정복하거나 파괴하는 행위는 바로 인간 자신을 스스로 파괴하는 것과 다름없었다. 모든 생명력의 원천인 자연을 파괴하는 것은 곧 우주의 생명력을 근원적으로 말살하는 행위로, 결국 모든 생명체에 돌이킬 수 없는 파멸을 초래할 수 있기 때문이다.[2]

반면 프로메테우스주의는 자연 지배를 상징한다. 그리스 신화 속 프로메테우스는 인간을 창조한 뒤, 농업과 문명에 필요한 모든 기술을 전수함으로써, 인간이 다른 동물들과 질적으로 구별되는 월등한 존재가 되도록 했다. 이를 통해 인간은 다른 모든 피조물을 지배하고 도구를 제작하며, 경작을 수행할 수 있는 능력을 획득하게 되었다.

2 장영란, 「원시 신화에 나타난 여성의 상징 미학과 자연관」, 『인문학연구』, 3집 (1998), 85쪽 참조.

이처럼 원시주의가 자연과의 조화를 강조한다면, 프로메테우스주의는 자연을 정복의 대상으로 간주한다. 이러한 대비 속에서 환경실용주의는 자연 합일을 지향하는 강한 비인간중심주의와 자연 지배를 지향하는 강한 인간중심주의 양극 중간의 연속선상에 위치하는 사상으로 이해될 수 있다([그림 1] 참조).[3]

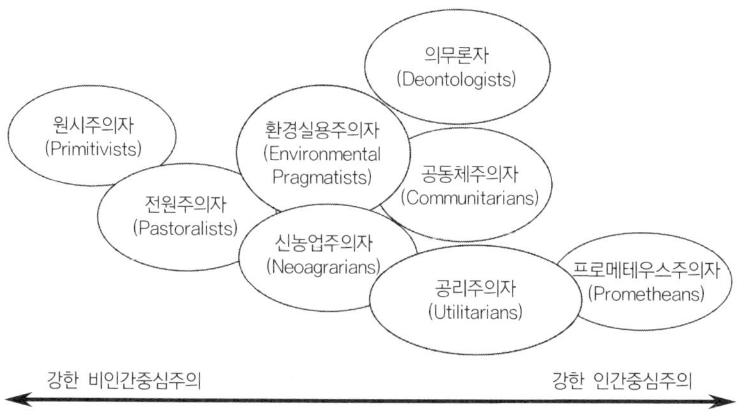

[그림 1] 환경실용주의의 위상[4]

이러한 환경실용주의의 사상적 위상은 고전적 실용주의자인 듀이의 사유에서도 확인할 수 있다. 그에 따르면 "인류는 이전에 우리가 생각했던 것과는 달리 만물의 정점에 서 있는 존재가 아니다. … 인간은 특별한 존재일 수는 있지만 여전히 광활한 우주의 일부

3 Minteer, "Pragmatism," p.536 참조.

4 Ibid., p.537.

에 불과할 뿐인 미약한 존재이다."[5] 즉, 인간이 특별한 존재이기는 하나 지구상에서 가장 중요한 존재는 아니며, 어디까지나 자연의 일부임을 자각해야 한다는 의미이다.

이처럼 듀이는 인간을 자연과 분리된 지배적 주체가 아니라 자연 질서 속의 한 구성원으로 본다. 인간이 자연의 일부로서 다른 존재들과 구별되는 점은 '지능과 목적'을 보유하고 있다는 사실뿐이다. 하지만 듀이는 이러한 능력이 오히려 인간에게 자신과 자연을 더욱 신중하고 조화롭게, 그리고 지속 가능하게 다루어야 할 책임을 부여한다고 강조한다.[6]

정리하자면, 환경실용주의의 사상적 위상은 인간을 자연과 완전히 합일된 존재로 상정하는 원시주의와 자연을 정복과 지배의 대상으로 보는 프로메테우스주의 사이에서, 인간을 자연의 일부이자 책임 있는 행위자로 재위치시키려는 시도로 이해할 수 있다. 자연에 대한 무조건적 불개입이나 무제한적 개발을 모두 거부하면서, 환경실용주의는 인간의 지능과 목적성이 오히려 더 신중하고 정교한 개입, 그리고 장기적인 관점에서의 조화와 지속가능성을 요구한다고 본다. 이로써 환경실용주의는 인간과 자연의 관계를 '절대적 지배'나 '완전한 금기'의 틀 밖에서 다시 사유하게 만들며, 실제 환경 위기 속에서 어떤 방식의 개입이 더 책임 있는 개입인지를 끊임없

5 Ibid., p.537에서 재인용.

6 Ibid., p.537 참조.

이 묻는 하나의 중도적·실천적 지평을 제공한다.

2. 환경실용주의의 이론적 다양성과 전략적 특징

이처럼 환경실용주의의 사상적 위상이 설정되었다면, 이제 그다음 과제는 이러한 입장을 체계적으로 정식화하는 일이다. 하지만 안타깝게도 환경실용주의는 일원론을 거부하고 다원론을 옹호하는 특성상, 이를 하나의 명확한 개념으로 정의하는 데는 본질적 한계가 있다. 더구나 환경실용주의는 '자유롭게 열린 탐구'를 지향하기 때문에 연구자들의 논의 역시 다양한 양상을 띨 수밖에 없다.

라이트와 캐츠에 따르면 환경실용주의 연구는 다음의 네 가지 유형으로 구분할 수 있다.[7]

① 고전적인 미국의 실용주의 철학과 환경문제 간의 연관성을 면밀히 검토하는 연구

② 환경이론가, 정책분석가, 활동가 그리고 일반 대중 간의 간극을 해소하기 위한 실천적 전략을 모색하는 연구

③ 정책 선택 과정에서 활동가들의 합의를 도출하기 위해, 특정한 환경 조직이나 운동의 규범적 기반이 서로 중첩되는 영역을

7 Andrew Light & Eric Katz, "Introduction: Environmental Thought and Classical American Philosophy," in Andrew Light & Eric Katz, eds., *Environmental Pragmatism*(New York: Routledge, 1996), p.5 참조.

탐구하는 이론적 연구

④ 환경에 관한 규범 이론에서 이론적 및 메타 이론적 차원의 도덕적 다원론을 정립하려는 일반적 논의

이러한 네 가지 유형 가운데 그 어느 것도 환경철학에서 실용주의의 역할을 독점적으로 규정하지는 못한다. 더불어 이들 유형은 서로 연관되어 있는 만큼 배타적이지도 않다. 다시 말해 환경실용주의는 다양한 형태를 취하고 있긴 하지만 동시에 전통적인 실용주의 정신을 공유한다는 점에서 내적 연관성을 지닌다.

그러기에 라이트와 캐츠는 환경실용주의를 하나의 단일한 이론이나 학설이라기보다 오히려 서로 연관되고 중첩되는 개념들의 집합으로 이해해야 한다고 본다. 곧, 환경실용주의는 엄밀히 말해 하나의 '원칙'이나 '주의'라기보다, 환경철학에서 보다 적실한 접근방식을 모색하는 '새로운 전략'의 총칭으로 규정할 수 있다.[8]

환경실용주의의 전략적 특징은 다음과 같이 정리될 수 있다.

① 이원론적 구분의 부정: 인간과 자연을 별개의 실체로 구분하지 않는다. 인간은 자연의 외부에 존재하는 것이 아니라 세계 속에서 경험을 매개로 자연과 상호 의존하는 존재로 파악된다.

② 도덕적 다원주의: 도덕적 일원론에 반대하며, 다양한 가치와

8 Ibid., 참조.

원리를 인정하는 도덕적 다원주의를 지향한다.

③ 반기초주의: 자연보호의 정당성을 객관적·절대적 토대 위에 확립하려는 시도를 거부한다.

④ 현실주의·맥락주의: 추상적 이론보다는 구체적이고 개별적인 현실 문제로부터 출발하는 논의를 우선시한다.

⑤ 이론의 실효성 중시: 이론을 평가하는 핵심 기준은 실효성에 있다. 아무리 정교한 이론이라 하더라도 자연환경 문제 해결에 실질적으로 기여하지 못한다면 의미가 없다고 본다.

⑥ 민주적 절차의 강조: 환경문제와 관련된 의사결정 과정에서 대중의 참여와 민주적 절차를 중시한다.

종합하자면, 환경실용주의는 자연에 전혀 손대지 말자는 보존주의와 무제한의 지배를 추구하는 프로메테우스주의의 중간 지점에 서 있다. 인간을 자연의 일부로 인식하면서도 필요할 때는 능동적 개입을 긍정하는 중도적 입장이다. 이 입장은 추상적 이론보다 현실 문제 해결을 더 중시하고, 도덕적 다원주의와 맥락주의를 지향하며, 실효성과 민주적 절차를 핵심 원리로 삼는다. 결국 환경실용주의는 단일한 이론이라기보다 다양한 접근을 아우르는 전략적 모색으로 이해할 수 있다. 이는 환경철학을 보다 실천적이고 정책적으로 의미 있는 방향으로 전환하려는 새로운 시도라고 볼 수 있다.

03
환경실용주의는 무엇을 주장할까?

이 장을 열며

3장에서는 환경실용주의의 핵심 주장을 세 가지 측면에서 살펴본다.

첫 번째는 자연관이다. 환경실용주의는 인간과 자연을 분리된 존재로 보지 않고, 상호 의존하는 하나의 연속체로 이해한다. 인간의 사고와 인식, 가치 판단은 모두 환경과의 상호작용 속에서 형성되며, 인간의 정신 역시 자연의 일부로 간주된다. 따라서 환경은 인간 외부의 대상이 아니라 인간의 삶과 경험이 펼쳐지는 장(場)이다. 이러한 관점에서 환경실용주의는 '자연 대 인공'이라는 이분법을 거부하고, 도시·농지·공원·황야 등 모든 환경을 동등하게 존중해야 한다고 본다.

두 번째는 약한 인간중심주의이다. 환경실용주의는 인간의 이익만을 우선시하는 강한 인간중심주의와 자연 자체의 고유한 가치를 절대화하는 생태중심주의라는 양극단을 모두 비판한다. 대신 인간의 이익을 고려하되 숙고된 선호와 장기적·보편적 이익을 중시하는 '약한 인간중심주의'를 옹호한다. 이 입장은 인간이 가치 판단의 중심이 될 수밖에 없음을 인정하면서도, 단순한 욕망의 충족을 넘어 숙고된 선호와 장기적·정신적 가치를 강조한다. 이는 또한 자연을 지배의 대상으로 삼지도, 인간을 배제한 생태중심주의로 치닫지도 않는 균형 잡힌 관점을 취한다.

세 번째는 다원주의이다. 환경실용주의는 단일한 원리나 절대적 가치에 매달리기보다 다양한 가치와 맥락이 공존하는 현실 속에서 문제 해결을 모색하는 다원주의적 태도를 강조한다. 서로 다른 신념과 가치관을 지닌 집단이라도 실천적 목표에서는 협력할 수 있다는 '수렴 가설'은 이러한 다원주의의 실천 가능성을 잘 보여준다.

요컨대, 3장은 환경실용주의가 자연과 인간의 불가분성, 숙고된 인간 중심의 윤리, 다원적 실천의 가능성을 통해 기존 환경윤리학의 이념적 대립을 넘어서는 새로운 철학적 전환을 제시하고 있음을 보여준다.

---

1. 환경실용주의의 자연관

실용주의는 진화론의 철학적 함의를 수용한다. 즉, 모든 유기체의 성질과 행동은 그 유기체와 환경 간의 관계 속에서 이해되어야 한다는 것이다. 인간의 사고와 인식능력도 예외가 아니다. 의식, 이성, 상상력, 언어, 그리고 기호 사용(요컨대 정신) 등은 인간이라는 유기체가 세계 안에서 생존하고 번영할 수 있도록 도와주는 자연에 대한 적응의 산물로 이해된다. 그러기에 인간의 정신 또한 세계와 분리된 독립적 실체가 아니라 세계의 일부가 된다. 인간이 정신적

작용을 통해 '세계를 안다'는 것은 고립된 행위가 아니라, 오히려 유기체와 환경 간 상호작용의 결과라는 의미이다.[1]

이러한 실용주의적 관점은 환경실용주의에서도 그대로 관철된다. 환경실용주의자에게 환경은 단순히 '외부에 있는 것', 우리와는 어떤 방식으로든 분리된 것, 즉 인간의 필요에 따라 이용되거나 보호를 기다리는 수동적 대상이 아니다. 마치 인간의 심장이 유기체 안에 있듯, 인간의 신체 역시 자연과 환경 속에 존재한다. 이와 관련하여 파커(Kelly Parker, 1963~)는 인간과 자연·환경 간의 관계를 다음과 같이 아주 명확하게 설명하고 있다.

> 우리는 어디까지나 환경과 연결되어 있으며, 환경 또한 우리와 연결되어 있다. 바로 이 가르침은 환경에 관한 실용주의 사상의 알파요 오메가이다.[2]

다시 말해, 인간은 본질적으로 환경과 긴밀히 연결되어 있고, 환경 역시 인간과 분리될 수 없다. 바로 이러한 상호 연결성에 대한 지각이 환경실용주의 사상의 출발점이자 핵심이라는 주장이다. 환경은 인간 활동과 경험의 무대이며, 인간의 행위는 다시 환경에 영

---

1 Kelly A. Parker, "Pragmatism and Environmental Thought," in Andrew Light & Eric Katz, eds., *Environmental Pragmatism*(New York: Routledge, 1996), p.23 참조.

2 Ibid., p.35.

향을 미친다. 따라서 환경실용주의는 인간과 환경이 서로의 생존과 번영을 위해 필수적인 상호의존 관계에 있다는 점을 강조하고 있다.

이처럼 유기체와 환경 간의 근본적 연결성을 전제로 하는 환경실용주의는 우리에게 모든 형태의 환경을 동등하게, 그리고 진지하게 다룰 것을 촉구한다. 도시, 시골, 황야, 공원, 마을, 바다, 대초원, 공영주택, 병원, 산길 등 다양한 환경은 모두 인간 경험[3]의 장(場)으로서 동일한 중요성을 지니기 때문이다.[4]

기존의 환경윤리학은 주로 '원생자연', 즉 인간의 손길이 닿지 않은 자연을 보호의 주요 대상으로 삼았다. 하지만 환경실용주의는 세계를 다양한 환경의 연속체로 간주하여[5] 자연과 인공환경 간 이분법을 넘어선다. 도심 속 공원, 시골 마을의 농지, 황야, 그리고 도시 공간 등 모든 환경이 서로 영향을 주고받으며, 동등하게 중요

---

3 여기서 '경험'이라는 개념에 주목할 필요가 있다. 실용주의에서 경험은 핵심적인 개념으로, 환경을 논할 때도 매우 중요한 의미를 갖는다. 인간은 하나의 유기체로서 환경과 끊임없이 상호작용하며 살아가는 존재이다. 우리는 환경과의 이런 상호작용 속에서 다양한 경험을 하게 된다. 그런데 어떤 경험이 잘 풀리지 않거나 문제가 생기면, 우리는 그 이유를 생각하고 성찰하며 문제를 해결하려는 노력을 한다. 이러한 반성적 사고 과정을 통해 새로운 지식이 만들어진다. 결국 지식은 환경과의 직접적인 접촉(경험), 그리고 그 경험을 돌아보는 반성적 사고를 통해 형성된다. 따라서 경험은 단순한 체험이 아니라, 지식을 만들어내는 출발점이자 근원이라 할 수 있다.

4 Parker, "Pragmatism and Environmental Thought," p.29 참조.

5 이는 자연환경과 인공환경을 구분 짓는 이분법적인 사고를 넘어서야 한다는 뜻이다. 즉, 모든 환경은 단절된 것이 아니라 서로 이어진 하나의 연속적인 스펙트럼으로 이해되어야 한다는 것이다. 예를 들어, 도심 속 공원, 시골의 농지, 산과 강 등은 서로 전혀 다른 공간처럼 보이지만, 실제로는 모두 연결되어 있고 서로 영향을 주고받는 관계에 있다. 이러한 관점은 모든 형태의 환경이 함께 고려되고 보호되어야 함을 강조한다.

하다는 점을 강조한다. 이는 인공환경과 자연을 포함한 모든 공간이 인간 경험의 일부로서 동등한 중요성을 지닌다는 이유에서이다. 이러한 시각에서 파커는 자연 지배적 사고를 비판한다.

> 자연을 지배할 수 있다는 우리의 생각은 교만하기 짝이 없다. 또한 그것은 망상이자 자기부정에 가깝다. 우리가 환경과의 지속적인 상호작용 속에서 스스로를 발견하는 존재라면, 환경을 완전히 변하지 않는 것, 예측 가능한 것, 더 이상 새로움이 없는 단순한 도구적 자원으로 보는 것은 곧 우리 자신이 경험을 통한 성장을 포기하는 것과 다르지 않다. 자연을 완전히 지배하려는 시도는 우리 성장의 궁극적인 원천을 파괴하며, 결과적으로 우리 자신의 존립마저 위협받게 된다.[6]

결국 자연 지배는 인간의 경험과 사고, 지식, 성장의 기반을 파괴하고 나아가 인간 자신의 절멸까지 초래할 수 있다는 주장이다. 이처럼 환경실용주의는 자연을 지배의 대상이 아닌 인간과 상호작용을 하며 공존해야 할 존재로 인식한다. 인간과 자연은 분리되지 않은 하나의 연속체로 존재하며, 서로 긴밀하게 영향을 주고받는 관계에 있다는 것이다.

이러한 자연관은 환경문제를 보다 포괄적이고 통합적인 시각에서 바라보게 해준다. 곧, 인간 활동이 자연에 미치는 영향뿐 아니라

6 Parker, "Pragmatism and Environmental Thought," p.30.

다양한 환경이 인간의 삶과 경험에 미치는 영향까지 함께 깨닫게 해주는 것이다. 이를 토대로 환경보호의 대상은 특정 지역이나 특정 형태에 국한되지 않고 모든 환경으로 확장될 수 있다.

2. 환경실용주의와 약한 인간중심주의

환경실용주의에서 환경은 인간과 분리된 외부의 실체가 아니라 인간의 경험이 펼쳐지고 나와 타인의 삶이 함께 형성되는 활동의 장으로 이해된다. 자연은 인간과 분리되어 존재하지 않기에 자연만의 고유한 가치나 내재적 가치에 대한 언급은 무의미하다. 그렇다고 하여 자연을 단순히 도구적 가치로 환원하여 인간의 과도한 지배를 허용하지도 않는다. 자연 지배에 따른 자연 파괴는 인간 경험의 근거, 곧 인간 삶의 원천을 파괴하는 행위이기 때문이다. 따라서 환경실용주의는 과도한 인간중심주의도, 자연중심주의도 아닌 입장을 따르고 있음을 알 수 있다. 이와 관련하여 파커는 이렇게 말하고 있다.

> 지금까지 나는 환경 속에서의 유기체의 경험이 가장 중요한 것이라고 말해왔다. 실용주의는 어떤 면에서 '인간 중심적'(좀 더 정확하게는 '인간 기준적')이다. 인간이라는 유기체야말로 필연적으로 가치에 대해 발언한다. 왜냐하면 가치에 대한 인간의 경험, 인간의 견해는 우리가 인간으로서 알 수 있는 유일한 것이기 때문이다.[7]

파커의 주장은 얼핏 보기에 전형적인 인간중심주의를 지지하는 듯 보인다. 하지만 그의 주장은 '어떤 면에서 인간 기준적'이라는 겸손한 표현에서 알 수 있듯, 엄격한 의미의 인간중심주의를 함의하고 있지는 않다. 그에 따르면 인간 이외의 다른 존재들도 경험을 지니며 가치 또한 부여할 수 있다. 가령 늑대, 점박이올빼미, 오래된 숲과 같은 존재들도 그들 나름의 이익이 있으며, 그것이 바람직하다면 이를 옹호할 수 있고, 또 그렇게 해야 한다.

다만 이러한 옹호, 곧 그들의 대변자로서의 역할은 필연적으로 인간을 매개로 이루어질 수밖에 없다. 매우 안타깝고 유감스러운 일이지만 그들의 경험 속에서 그들의 목소리로 발언할 수는 없고, 또 인간은 인간이라는 육체에서 벗어날 수 있는 어떠한 방법도 가지고 있지 않기 때문이다. 그러기에 파커는 인간의 결정이 만물의 척도일 수는 없지만, 인간 경험의 기준은 만물의 척도가 될 수 있다고 말한다.[8]

이러한 관점에서 파커의 입장은 인간중심주의에 가깝지만 고전적 인간중심주의와는 거리가 먼 것이다. 인간의 경험이 인간 이외의 모든 존재들의 이해(利害)를 측정하는 기준이 될 뿐, 그 존재들의 가치를 부정하는 것은 아니기 때문이다. 이러한 그의 입장은 다음의 표현에서도 명백히 드러난다.

7 Ibid., p.33.

8 Ibid., 참조.

> 맹목적 인간중심주의는 인간 이외의 세계에 개탄스러운 결과를 낳지만, 맹목적으로 인간을 혐오하는 생태중심주의자 또한 마찬가지로 한심스럽다.[9]

인간만을 중심에 두고 자연을 무시하는 태도도 파괴적인 결과를 낳지만, 역으로 인간 자체를 배척하고 자연만을 숭배하는 태도 역시 극단적이고 바람직하지 않다는 의미이다. 결국 파커의 입장은 맹목적 인간중심주의도, 생태중심주의도 아닌 그 중도적 입장으로서 '약한 인간중심주의'로 규정할 수 있을 것으로 본다.

이러한 입장은 환경실용주의의 대표적 학자인 노턴에게서 더욱 선명하게 드러난다. 노턴은 인간중심주의를 강한 형태와 약한 형태로 구분한 후, 전자가 환경파괴를 초래하는 반면 후자는 환경보호를 가능하게 한다고 주장한다. 그렇다면 여기서 제기되는 물음은 '강한', '약한'의 구분 기준이 무엇인가 하는 점이다. 노턴에 따르면 그 구분 기준은 다음의 네 가지로 제시할 수 있다.[10]

첫 번째는 '느껴지는 선호(felt preferences)'와 '숙고된 선호(considered preferences)'의 차이이다. '강한 인간중심주의'는 '느껴지는 선호', 곧 개인이 느끼는 욕망 충족을 최우선시한다. 이때 자연은 '소비'의 대상으로 간주되며 착취적 방식으로 다뤄질 수밖에 없다.

---

9 Ibid.

10 Bryan Norton, "Environmental Ethics and Weak Anthropocentrism," *Environmental Ethics*, 6, no.2(1984), pp.131-148 참조.

반면에 '약한 인간중심주의'는 욕망을 절제할 줄 아는 숙고된 선호에 기반하여 인간과 자연의 조화로운 관계를 추구한다.[11] '느껴지는 선호'는 특정 순간의 경험을 통해 얻는 일시적 만족을 의미한다면, '숙고된 선호'는 신중한 성찰과 합리적 세계관에 부합하는 욕구를 뜻한다. 강한 인간중심주의는 모든 가치를 느껴지는 선호의 충족 여부로 평가하지만, 약한 인간중심주의는 선호 충족뿐만 아니라 세계관과 이상에 미치는 영향까지 함께 고려한다.

두 번째는 가치의 범위에서 물질적·경제적 가치만을 추구하는가, 아니면 정신적·미적 가치도 포함하는가의 차이이다. 강한 인간중심주의는 물질적·경제적 가치만을 우선시한다. 하지만 이러한 가치들만이 인간 욕망의 전부일 수는 없다. 사람들 중에는 자연 속에서의 치유를 바라거나 자연의 아름다운 경관을 누리고 싶어 하는 경우도 있다. 그러기에 그들은 '인간중심주의' 입장을 따르면서도

---

11 '느껴지는 선호'는 우리가 어떤 경험을 통해 순간적으로 만족을 느끼는 욕구나 필요를 뜻한다. 예를 들어, 맛있는 음식을 먹거나 편안한 의자에 앉을 때 느끼는 만족감이 이에 해당한다. 반면 '숙고된 선호'는 단순한 기분이나 욕구가 아니라 깊이 생각하고 판단한 끝에 생겨난 바람이나 가치관을 말한다. 다시 말해, 자신이 합리적이라고 믿는 세계관이나 인생관과 일치해야 한다고 생각하는 선호이다. '강한 인간중심주의'에서는 가치 기준을 오로지 인간 개인의 느껴지는 선호, 즉 순간적인 만족에 둔다. 어떤 것이 가치 있으려면 그것이 인간의 욕구를 충족시켜야 한다고 보는 것이다. 반면 '약한 인간중심주의'는 인간의 느껴지는 선호뿐 아니라 인간이 추구하는 이상이나 가치관에도 주목한다. 다시 말해, 가치란 단순히 당장의 만족뿐 아니라 인간의 신념과 이상적인 세계관에도 관련되어 있다고 보는 입장이다. 두 관점 모두 인간의 선호를 가치판단의 중심에 둔다는 점에서는 일치한다. 하지만 강한 인간중심주의는 '지금의 만족'을 중시하고, 약한 인간중심주의는 '인간이 추구하는 이상과 가치체계'까지 고려한다는 점에서 차이가 있다. Ibid., pp.134-135 참조.

환경의 온전성·안정성·아름다움을 중시한다. 이들은 인간의 욕망을 오로지 물질적·경제적 측면에만 한정하는 게 아니라 정신적·미적 욕망을 포함한 다양성에 눈을 돌려야 한다고 본다. 이러한 입장이 약한 인간중심주의이다.

세 번째는 가치판단의 관점이 '개인적'인가, 아니면 '비개인적·보편적'인가의 차이이다. 강한 인간중심주의에서 최우선시되는 것은 개인의 욕망이다. 그러나 개인의 욕망은 다른 존재들의 이익과 일치하지 않을 수도 있다. 개개인이 자신들의 욕망만 추구하다 보면 그들이 속한 공동체, 다른 지역의 사람들과 국가, 더 크게 확장하면 인류 전체의 이익과 상충하는 일이 불가피하기 때문이다. 반면에 약한 인간중심주의에서는 개인적 욕망만을 우선시하지 않고, 비개인주의적 관점에서 전체의 이익을 고려한다.

네 번째는 시간적 관점에서 '단기적' 이익을 중시하는가, '장기적' 이익을 중시하는가의 차이이다. 강한 인간중심주의는 단기적 이익을 추구하는 반면, 약한 인간중심주의는 장기적 이익을 추구한다. 단기적으로 바람직해 보이는 선택이 장기적으로는 부정적 결과를 낳을 수 있기 때문이다. 가령 현세대가 풍족한 소비를 위해 의도적으로 출산을 거부한다면, 이러한 선택의 시비는 어떨까. 이에 대해 노턴은 그것은 나쁜 선택이라 말한다. 인간이라는 종이 영속적으로 존재하는 우주가 그렇지 못한 우주보다 바람직하다는 이유에서이다.

〈표 1〉 강한 인간중심주의와 약한 인간중심주의의 구분[12]

구분	강한 인간중심주의	약한 인간중심주의
선호	느껴지는 선호	숙고된 선호
가치	물질적·경제적 가치	정신적·미적 가치
범위	개인주의적 이익	비개인주의적·보편적 이익
시간	단기적 이익	장기적 이익

위 〈표 1〉에서 보다시피, 강한 인간중심주의가 단기적 관점에서 개인주의적 이익과 물질적·경제적 가치를 우선시하고 '느껴지는 선호'의 충족에만 몰두한다면, 약한 인간중심주의는 그보다 확장적이며 사려 깊은 접근을 취한다. 즉, 약한 인간중심주의는 장기적 관점에서 비개인적·보편적 이익을 숙고하고, 정신적·미적 가치까지 포함하며, 합리적 세계관과 이상 또한 고려하는 입장이다.

노턴이 이러한 '약한 인간중심주의'를 강조하는 이유는 바로 이 입장에 설 때, 비로소 인간과 자연의 조화를 도모하여 환경파괴를 예방할 수 있다고 보기 때문이다. 물론 환경실용주의자들 중에는 인간중심주의자도, 비인간중심주의자도 존재하지만 '약한 인간중심주의'를 따르는 경향이 강한 편이다.

12 이 표는 노턴의 주장에 의거하여 필자 나름대로 정리한 것임을 밝힌다.

3. 환경실용주의와 다원주의

실용주의는 기본적으로 일원론을 배제하고 다원론을 따른다. 실용주의에서의 '진리'란 삶에서 부딪치는 문제를 적절하게 해결해 주는 '현금가치'(cash value)에 해당한다. 여기서 '현금가치'란 환경에 적응하고 대처할 수 있게 해주는 실천적 도구를 뜻하며, 이는 일원적이지 않고 다원적이다. 곧, 삶의 문제를 해결하는 데 보편타당한 단일 해법은 존재하지 않으며, 무엇이 옳은 해결책인가 하는 판단은 실천의 결과를 통해서만 가능하다.

실용주의가 추구하는 것은 언제·어디서·누구에게나 적용 가능한 궁극적 원리로서의 최선책이 아니라 주어진 상황에서 문제 해결에 기여할 수 있는 다원적인 차선책이다. 궁극적 원리에 기대고자 하는 태도는 문제 해결에도 도움이 되지 않을 뿐 아니라 수시로 변하는 환경에 유연하게 대처하는 능력마저 저해하기 때문이다.[13]

이러한 다원주의 노선은 환경실용주의에서도 적극 계승되고 있다.[14]

---

13 이유선, 「실용주의 철학에 대한 이론적 고찰」, 『동서사상』, 8(2010), 52-59쪽 참조.

14 이 점은 라이트와 캐츠의 주장에서도 잘 드러난다. 두 학자는 "우리는 환경철학을 하나의 관점으로 통일하려는 지배적인 경향에 반대한다"라고 말한다. 그들은 또한 "도덕적 다원주의를 인정하고, 서로 다른 입장들이 정책적인 합의를 통해 함께 실천할 수 있는 방법을 모색하는 것"이야말로 환경실용주의의 핵심적인 특징임을 강조한다. 즉, 그들은 환경문제에 대한 생각이 하나로 통일될 필요는 없으며, 서로 다른 가치관을 가진 사람들이라도 현실적인 목표를 중심으로 협력할 수 있어야 한다고 본다. Andrew Light & Eric Katz, "Introduction: Environmental Thought and Classical American Philosophy," in Andrew Light & Eric Katz, eds., *Environmental Pragmatism*(New

환경실용주의자 가운데 '다원론적 접근의 필요성'을 가장 먼저 제기한 인물로 평가받는 이는 웨스턴(Anthony Weston, 1954~)[15]이다. 그의 다원주의에 관한 언급을 직접 살펴보면 다음과 같다.

> 실용주의는 우리가 지닌 여러 가치들이 상호 관계에 있다는 점을 가장 핵심적 주장으로 삼는다. 고정된 목적이라는 관념은 서로 다른 다양한 가치, 신념, 선택, 범형 등이 역동적으로 상호 의존하는 제 가치의 이미지로 치환될 수 있다. 실용주의는 적어도 비유적으로는 여러 가치들의 '생태학'을 제안한다.[16]

웨스턴은 '여러 가치들의 생태학'이라는 개념을 통해 기존 환경윤리학에 대한 비판을 가하고 있다. 그의 비판의 초점은 환경윤리학이 다양한 가치를 '단 하나의 고정된 목적=자연의 내재적 가치'로 환원하거나 여기에 기초를 부여해 왔다는 점이다. 이에 대해 그는 '환원'이나 '기초 부여'가 아니라, 오히려 각 가치가 처한 맥락

York: Routledge, 1996), p.5 참조.

15 미국의 철학자로 환경윤리학 분야에 큰 발자취를 남겼다. 그의 학문은 환경윤리의 전통적 쟁점을 비판적으로 성찰하며 이를 넘어서는 실천 중심적 전환을 모색한 데에 그 특징이 있다. 그는 환경철학이 오랫동안 자연의 내재적 가치를 둘러싼 형이상학적 논쟁에 매몰되어 정작 현실의 환경문제 해결에는 충분히 기여하지 못했다고 지적하였다. 이에 그는 자연의 가치를 단일한 철학적 원리로 확정하기보다 다양한 사회적·문화적 맥락에서 자연을 존중할 수 있는 다원적이고 유연한 접근을 강조하였다. 이는 이론적 정당화보다 구체적 문제 해결과 실천을 중시하는 환경실용주의의 사상적 기초를 마련한 것으로 평가된다.

16 Anthony Weston, "Beyond Intrinsic Value," in Andrew Light & Eric Katz, eds., *Environmental Pragmatism*(New York: Routledge, 1996), p.285.

속에서 그 의미를 자리매김하고, 다른 가치와의 충돌을 중재하는 일이 환경실용주의에서 더욱 중요하다고 주장한다.

웨스턴이 이처럼 환경문제에 대한 다원적 접근을 지지하는 배경은 다음과 같은 그의 언급에서 확인할 수 있다.

> 우리와 동시대를 사는 사람들, 심지어 가장 사려 깊은 이들조차도 대부분은 이상적 세계에 관한 생각이 전혀 다르며, 때로는 화해 불가능할 정도의 견해 차이를 가진다는 사실을 받아들이는 것이 더 현명하다. 실용주의는 확실히 넓게 열린 다양성을 지닌 문화를 축복한다.[17]

웨스턴의 이러한 언급에서 알 수 있듯, 같은 시대를 살아가는 사람들 사이에서조차 이상적 세계에 대한 구상은 서로 다를 수 있고, 때로는 화해 불가능한 수준의 차이를 보일 수도 있다. 환경실용주의는 이러한 차이를 부정하기보다 오히려 다양한 관점과 가치가 공존하는 문화를 긍정적으로 받아들인다. 다시 말해 환경적으로 지향하는 이상향에 대한 견해는 사람마다 매우 다양한 만큼, 환경문제에 접근하는 방식에서도 다원적 시각이 필수적이라는 입장이다.

웨스턴과 유사한 견해는 노턴에게서도 찾아볼 수 있다. 노턴에 따르면 그동안 환경윤리학을 지배해온 것은 '환경 관련 행동을 이

---

17 Ibid., p.303.

끌어줄 궁극적 원리'를 탐구하는 일이었다. 이와 관련하여 그는 "환경윤리학의 목표는 … 우리의 도덕적 의무에 관한 통일적이고 일원론적인 설명을 제공하는 일"[18]이라고 밝힌 바 있다. 요컨대 전통적 환경윤리학에서는 일종의 '일원론적 전제'가 공유되고 있었다고 할 수 있다.

그러나 이러한 전제에 의존하면 "자연은 인간의 욕망과 이익을 위한 도구적 가치만을 갖는가, 아니면 인간의 선호로부터 독립적인 내재적 가치를 갖는가?"라는 이항 대립에 직면하게 된다. 그래서 노턴은 이를 '신체를 마비시키는 딜레마'라고 부른다.[19] 그는 환경윤리학이 당초 목적을 달성하지 못하고 실천적으로 마비 상태에 빠진 것은, 그 원인이 바로 이러한 일원론적 사고에 있다고 본다. 이러한 시각에서 그는 "사회문제에 접근하는 실용주의자의 태도에 영향을 받아 나는 다양한 원리를 적용하는 환경윤리학을 구상하려 한다"[20]라고 밝히고 있다.

노턴 주장의 특징은 이와 같이 다원론을 요청함과 더불어 다원론의 구체적 적용 방식까지 제시하고 있는 점이다. 그는 이러한 적용 방식에 '수렴가설'이라는 명칭을 부여하였다. '수렴가설'이란 비록 사람들이 자연환경에 부여하는 가치관이 다르긴 하지만, 구체적

---

18 Bryan G. Norton, "Integration or Reduction," in Andrew Light & Eric Katz, eds., *Environmental Pragmatism*(New York: Routledge, 1996), p.105.

19 Ibid., p.106 참조.

20 Ibid., p.107.

인 환경정책을 수립하는 과정에서는 서로 합의에 이를 수 있다는 주장이다.[21]

가령 야생동물 서식지 보호 문제를 둘러싼 인간중심주의자와 비인간중심주의자의 가치관에 대해 생각해 보자. 만약 인간중심주의자라면 사냥을 즐기고 싶은 마음, 곧 도구적 가치를 근거로, 비인간중심주의자라면 야생동물은 생명을 지닌 존재이며, 생태계의 동등한 구성원으로서 내재적 가치를 지니고 있다는 믿음을 근거로 보호의 필요성을 역설할 수 있을 것이다. 이처럼 가치관 측면에서는 '왜 보호해야 하는가?'라는 질문에 대한 답변에서 날카롭게 대립할 수 있다.

하지만 노턴은 구체적인 실천, 곧 정책 수립 단계에서는 이러한 대립이 희석될 수 있다고 본다. 즉, 인간중심주의자이든 비인간중심주의자이든 '야생동물 서식지를 보호해야 한다'는 실천적 목표에서는 의견이 일치할 수 있기 때문이다. 해당 서식지 보호라는 실천적 정책에 합의할 수 있다면, 양측의 원리적 차이는 더 이상 중요성

---

21 노턴은 이 개념을 설명하기 위해 야생동물 보호를 둘러싼 한 실제 사례를 소개한다. 바로 미국야생동물연맹(사냥을 즐기는 스포츠맨 단체)과 야생동물보호자 단체 간의 협력 사례이다. 이 두 단체는 야생동물을 바라보는 관점이 크게 다르다. 미국야생동물연맹은 야생동물을 사냥의 대상, 즉 인간의 즐거움과 같은 도구적 가치로 본다. 반면 야생동물보호 단체는 야생동물을 생명을 가진 존재이자 생태계의 동등한 구성원으로 여기며, 인간의 수단이 아닌 그 자체로 소중한 내재적 가치를 지닌다고 여긴다. 이처럼 가치관에는 큰 차이가 있지만, 두 단체는 '야생동물의 서식지를 보호하자'는 구체적인 목표에서는 뜻을 같이했다. 결과적으로 서로의 철학은 달랐지만, 공통의 실천 목표를 중심으로 정책 수립에 합의하고 함께 협력할 수 있었다는 것이다. Bryan Norton, *Toward Unity among Environmentalists*(Oxford: Oxford University Press, 1991), pp.186-194 참조.

을 갖지 않게 된다. 노턴은 바로 이러한 점을 지적하며 환경윤리학이 가치론적 대립에만 머무른 채 실천적 돌파구를 마련하지 못하는 현실을 비판한다. 그는 가치론적 대립에 연연하여 아무런 실행 방안도 제시하지 못하는 것보다, 환경보호를 위한 구체적인 정책 수립 측면에서 일치단결하는 것이 더욱 중요함을 강조하고 있다.

그런데 여기서 한 가지 의문이 제기된다. 그것은 과연 이러한 합의가 현실화될 수 있을까 하는 점이다. 가령 인간중심주의자와 비인간중심주의자가 '야생동물 서식지를 보호하는 것이 옳다'라는 규범적 판단에 합의했다고 가정해 보자. 양측이 합의에 이르는 동기는 서로 다를 수 있다. 인간중심주의자는 야생동물을 사냥 자원으로 바라보는 반면, 비인간중심주의자는 야생동물을 인간과 동등하게 배려해야 할 도덕적 주체로 간주하기 때문이다.

이처럼 '야생동물 서식지를 보호하는 것이 옳다'라는 동일한 규범적 판단에 이르더라도, 그 전제가 되는 욕구나 신념이 상이하기 때문에 구체적인 정책 수립 과정에서는 전혀 다른 대안이 제시될 수 있다. 예를 들어 인간중심주의자는 필요에 따라 야생동물을 일정량 사냥해도 된다는 대안을 제안할 수 있는 반면, 비인간중심주의자는 사냥에 결사반대하는 대안을 제시할 수 있을 것이다.

따라서 '수렴가설'이 주장하는 것처럼 가치관이 서로 다른 집단 간에 정책적 합의가 이루어지는 것은 결코 쉽지 않아 보인다. 설령 합의가 도출된다 하더라도 실행 과정에서 그 합의가 지속될 수 있을지도 의심스럽다. 그럼에도 불구하고 노턴의 수렴가설은 도덕적 일원론을 단지 비판하는 데 그치지 않고, 다원론을 구체화하기 위한 방안까지 제시했다는 점에서 나름대로 높이 평가할 만한 의의가 있다고 본다.

종합하자면 환경실용주의는 인간과 환경을 불가분의 연속체로 보고, 도시에서 황야에 이르는 모든 환경을 인간 경험의 장(場)으로서 동등하게 존중할 것을 촉구한다. 이는 또한 인간의 경험을 가치판단의 출발점으로 삼되, 단기적·개인적 욕망에 매몰되지 않고 장기적·보편적 이익과 정신적·미적 가치까지 함께 고려하는 '약한 인간중심주의'를 지향한다. 아울러 단일한 원리에 집착하기보다 다양한 가치들이 충돌하고 조정되는 다원주의적 접근을 통해 실천적 합의를 도모하려 한다. 결국 환경실용주의는 내재적 가치 논쟁의 교착을 넘어, 문제 해결에 유효한 지식과 정책을 산출함으로써 인간과 자연의 공존 가능성을 실질적으로 확장하려는 입장이라 할 수 있다.

04

내재적 가치는 환경윤리의 족쇄인가, 보조 규범인가?

이 장을 열며

"자연은 단지 인간에게 유익하기 때문에 가치가 있는가, 아니면 그 자체로도 고유한 가치를 지니는가?"라는 물음은 환경윤리학을 이끌어 온 핵심 쟁점 중 하나이다. 하지만 자연의 내재적 가치(intrinsic value)를 환경윤리의 이론적 기초로 삼을 수 있는지에 대해서는 여전히 학계 내에서 논란이 지속되고 있다. 이러한 논의의 흐름 속에서, 환경실용주의와 관련하여 전개된 최초의 내재적 가치 논쟁은 웨스턴(Anthony Weston)과 캐츠(Eric Katz) 간의 이론적 대립을 중심으로 전개되었다.

웨스턴은 가장 이른 시기에 환경윤리의 실용주의적 전환을 주장하며 이 분야에 새로운 지평을 열었고, 이러한 공로 덕분에 '환경실용주의의 아버지'로도 불린다. 반면 캐츠는 미국을 대표하는 환경철학자 중 한 명으로 기술 비판, 인공 자연에 대한 윤리적 성찰, 그리고 자연의 자율성 개념을 중심으로 독자적인 철학적 입장을 발전시켜 왔다.

웨스턴은 내재적 가치 개념이 오히려 환경윤리의 발전을 저해하는 철학적 족쇄라고 비판하며, 가치의 의미를 고정된 속성이 아니라 맥락적이며 상호 연결적인 관계망 속에서 새롭게 이해해야 한다고 주장한다. 이에 반해 캐츠는 내재적 가치의 역할을 과도하게 절대화하는 것에 경계심을 표하며, 이 개념은 환경윤리의 근간이라기보다는 인간 중심적 도구주의를 견제하는 보완적 개념으로 이해되어야 한다고 주장한다.

4장에서는 이러한 양측의 비판과 대안을 검토함으로써, 환경윤리 담론이 단순한 찬·반 구도를 넘어 보다 다층적이고 역동적인 사유의 장으로 확장될 수 있음을 제시하고자 한다. 나아가, 내재적 가치 논쟁은 환경윤리가 어떠한 철학적 기반 위에 정립되어야 하는지를 성찰하게 하는 하나의 계기가 될 것이다.

---

1. 웨스턴의 내재적 가치 비판과 대안적 가치관

1) 내재적 가치 개념의 한계

웨스턴은 자연의 내재적 가치를 논하기에 앞서, 먼저 자연이 지닌 도구적 가치를 열거한다. 예를 들면, 숲은 인간에게 휴식과 오락의 공간을 제공하고, 어떤 풀꽃은 질소 고정을 통해 농업 생산에 기여하며, 계곡은 학문적 연구와 교육의 장으로 기능하고, 아름다운 경관은 미적 감흥을 불러일으킨다. 이러한 사례들은 모두 "자연은 인간에게 유익하기에 가치가 있다"는 도구주의적 관점을 반영하고 있다.

하지만 웨스턴은 곧이어 익숙하면서도 근본적인 의문을 제기한다. 즉, "자연은 그 자체만으로도 가치가 있는가?", "자연은 인간의 이익과 무관한 내재적 가치를 갖는가?" 하는 물음이다. 이러한 물음은 환경윤리학의 근간을 이루는 핵심 틀로 기능해 왔다. 이 틀은 '내재적 가치'를 부여받을 수 있는 대상의 범위를 둘러싼 쟁점을 중심에 두고, 인간중심주의→감각중심주의→생명중심주의→보편주의 등의 관점을 연속선상에 배열한다.

겉으로 보기에는 연속선 위의 어느 입장이든 자유롭게 택할 수 있을 것 같지만, 실제로는 '내재적 가치'라는 개념을 전제한 상태에서 논의가 진행되어야 한다는 암묵적 합의가 작동하고 있다. 다시 말해, "어떤 존재에 내재적 가치를 인정할 것인가?"라는 전제 자체가 논의의 방향과 범위를 제한하고 있는 것이다. 웨스턴은 바로 이러한 개념적 구속에 의문을 제기한다. 그는 기존 환경윤리 담론이 일정한 틀 안에 갇혀 있다는 점을 지적하며, 논의의 전제 자체를 성찰할 필요가 있음을 강조하고 있다.[1]

나아가 웨스턴은 내재적 가치 개념이 갖는 세 가지 철학적 '족쇄'를 통해 그 한계를 구체적으로 드러낸다.

첫째는 내재적 가치가 자기 충족성을 요구한다는 점이다. 내재적 가치의 수호성인인 무어(G. E. Moore, 1873~1958)가 제시한 것처럼, 어떤 것이 내재적 가치를 지니려면 다른 어떤 것에도 의존하

1 Anthony Weston, "Beyond Intrinsic Value: Pragmatism in Environmental Ethics," *Environmental Ethics*, 7, no.4(1985), pp.322-323 참조.

지 않고 '그 자체로 좋다'고 판단할 수 있어야 한다. 전통적으로 이 조건을 충족하는 것으로 간주되는 것은 의식 경험밖에 없다. 이러한 데카르트적 전제 때문에 의식·감각을 지닌 존재(결국 인간 또는 동물)만이 자연스레 가치 논의의 중심이 되고, 무생물이나 생태계 전체는 배제되고 만다.[2]

둘째는 추상성과 일원론적 압력이다. 내재적 가치는 '특별하고 가장 높은 목적'이어야 한다는 암묵적 기대가 있다. 수단과 목적 간의 관계를 계속 거슬러 오르다 보면 '더 이상 대체할 수 없는 최종 목적'을 상정하게 되는데, 이와 같은 최종 목적이 곧 내재적 가치라는 것이다. 전통적 가치 이론은 이러한 입장을 흔쾌히 수용하여 행복, 존엄, 자율성 등과 같은 단 하나의 최고원리를 찾으려는 일원론적 경향을 보여왔다. 이처럼 전통적 가치 이론은 가치 피라미드 정점에 인간적 가치를 놓음으로써 그 아래층에 있는 인간 이외의 자연적 가치는 다시 수단으로 격하되고 만다. 만약 자연 전체에 내재적 가치를 부여하려면 의식이나 목적을 자연 전체로 확장하는 범신론적 시도가 요구되지만, 이는 과도한 형이상학적 재구성을 전제하게 된다.[3]

셋째는 특별한 정당화(존재론적 입증)를 요구한다는 점이다. 내재적 가치는 다른 가치로부터 근거를 빌리지 못하므로 신의 명령, 선험적 진리 등의 초월적 직관, 비자연적 속성 등과 같은 형이상학적

---

2 Ibid., p.324 참조.

3 Ibid., pp.324-325 참조.

토대를 새로 세워야만 정당화된다. 많은 철학자들이 이러한 초월적 근거를 회피하면서 일부는 '약한 인간중심주의'(노턴)나 비용편익 분석(공리주의자)과 같은 현실적 타협으로 물러선다. 그러나 이러한 타협 역시 인간의 이해관계나 덕목 안에서 자연의 가치를 겨우 설명하는 '차선책'에 불과하다는 한계를 지닌다.[4]

웨스턴은 이상의 세 가지 부담으로 인해 환경윤리는 인간중심주의와 유감주의 사이를 넘어서기 어렵게 된다고 본다. 또한 그는 리건(Tom Regan, 1938~2017)의 '고유한 가치'[5]나 롤스턴(Holmes Rolston Ⅲ, 1932~)의 '야생으로 환원된 가치'[6]와 같은 시도 역시 결

---

4 Ibid., pp.326-327 참조.

5 이는 인간과 동물이 단지 존재한다는 이유만으로 지니는, 비수단적이며 본래적이고 평등한 도덕적 가치를 뜻한다. 리건은 이러한 가치를 '삶의 주체(subject-of-a-life)'라는 기준으로 설명한다. 즉, 느끼고 기억하며, 미래를 인식하고, 욕구와 선호를 가지고, 쾌락과 고통을 경험하며, 자신을 하나의 동일한 존재로 인식할 수 있는 존재는 모두 삶의 주체에 해당한다는 것이다. 리건은 이런 존재들이 가진 고유한 가치는 비교나 서열이 불가능한 평등한 가치라고 강조하며, 이것이 바로 도덕적 권리의 근거가 된다고 본다. 따라서 고유한 가치를 지닌 존재를 불필요하게 죽이거나 고통을 주거나, 단순히 인간의 이익을 위한 도구로 사용하는 행위는 도덕적으로 잘못된 일이라고 주장한다. 이러한 관점은 행동의 결과로 행복을 극대화하고 고통을 최소화하려는 공리주의와 달리, 각 개체의 권리와 가치를 독립적이고 절대적으로 존중해야 한다는 권리론적 동물윤리의 입장을 보여준다. Tom Regan, *The Case for Animal Rights*(Berkeley: University of California Press, 1983) 참조.

6 여기서 말하는 '야생'은 단순한 야생이 아니라 인간의 개입이 전혀 없는 상태, 곧 자연이 스스로 유지되는 상태를 가리킨다. 그리고 '환원하다'라는 개념은 어떤 것을 가장 근원적인 기원으로 되돌린다는 뜻을 지닌다. 결국 '야생으로 환원된 가치'란 가치 발생 기원을 야생 상태의 자연 그 자체로 되돌려 그 속에서 가치를 찾는다는 의미이다. 이는 자연의 자율적 과정과 그로부터 비롯되는 내재적 가치를 인정하자는 주장이다. 예를 들어 숲은 인간에게 목재를 제공하기에 가치 있는 것이 아니라, 스스로 재생하고 생태계를 유지하며 순환하는 과정 그 자체가 가치 있다는 것이다. 이러한 가치는 자연의 자기 목적성과 진화의 창조성에서 비롯되는 인간 비종속적 가치이

국은 내재적 가치라는 틀의 족쇄에서 완전히 자유롭지 못하다고 지적한다.

그래서 그는 '비인간 중심적 환경윤리'를 진정으로 정립하려면 내재적 가치라는 전통적 패러다임 자체를 재검토하거나 이로부터 벗어나는 대담한 전환이 필요하다는 점을 강조한다. 요컨대 웨스턴은 내재적 가치 패러다임에 대한 전면적인 이의를 제기하고 있는 셈이다. 이러한 시각에서 웨스턴은 "비인간 중심적 환경윤리는 내재적 가치의 틀 속에서는 단적으로 불가능한 것인지도 모른다. … 아마도 최종적으로 환경윤리학은 불가능해질 것이다"[7]라고 말한다. 내재적 가치라는 전통적 패러다임 자체가 환경윤리의 비인간 중심적 확장을 구조적으로 방해하고 있다는 주장이다.

2) 맥락적·상호 연결적 가치관

이러한 판단에 따라 웨스턴은 내재적 가치라는 틀을 넘어서 '맥락적·상호 연결적 가치관'으로의 전환을 주장한다. 더불어 그는 무어의 '수단-목적' 도식에 대한 반론도 제기한다. 무어에 따르면 "수단적 가치가 성립하려면 어딘가에 '그 자체로 좋은' 내재적 목적이 반드시 있어야 한다." 하지만 웨스턴은 목적적 가치가 부재하더라도 도구적 가치는 다른 가치들과의 '상호 연결된 그물망' 관계 속에

다. Holmes Rolston Ⅲ, *Philosophy Gone Wild*(Amherst: Prometheus Books, 1986) 참조.

7 Weston, "Beyond Intrinsic Value," p.328.

서 얼마든지 설명될 수 있다고 본다.

예를 들면 숲속에서의 하이킹 경험은 숲이나 해당 경험 그 자체의 내재적 가치에 의존하지 않더라도 청명한 공기, 마음의 평화, 스트레스 해소, 건강 증진 등 다양한 가치들과 맥락적으로 연결되어 있다는 점에서 그 자체로 의미 있는 행위로 간주될 수 있다. 다시 말해 숲속 하이킹→청명한 공기, 평온함, 건강→또 다른 가치…와 같이 가치의 연결이 계속 이어질 수 있지만, 반드시 특정한 '최종 목적'에 귀착될 필요는 없다는 주장이다.[8]

> 도미노의 긴 줄과 같이 어떤 수단이 다음 수단을 필요로 하는 끝없는 연속을 생각할 필요는 없다. 오히려 전혀 다른 맥락적 시각에서 생각하는 편이 보다 정확한 이해를 가능하게 한다. 가치들은 거미줄처럼 상호 연결된 전체론적 구조를 이루며, 어떤 가치든 '인접한' 가치를 통해 정당화될 수 있다. 이 모델에서는 궁극적인 지시도, 종착점도 존재하지 않는다.[9]

우리는 흔히 어떤 가치를 설명하고자 할 때, 하나의 뚜렷한 이유나 최종 목적을 찾으려는 경향이 있다. 마치 도미노가 줄줄이 넘어가듯 하나의 이유가 다음 이유를 불러오고, 또 다른 이유로 이어지

8 Ibid., p.328 참조.

9 Ibid., p.329.

는 끝없는 연쇄로 이해하는 것이다. 하지만 반드시 그런 방식으로 생각할 필요는 없다는 것이 웨스턴의 주장이다. 웨스턴의 이해 방식은 일방향 종착점 구조가 아니라 다원적 그물망 구조라 할 수 있다. 이 구조에서는 어떤 가치를 설명하기 위해 다른 가치를 호출하는 것이 자연스럽고, 그것이 또 다른 가치를 불러오며 순환적으로 연결된다. 이 연결에는 한 방향으로만 가야 한다는 규칙도 없고 반드시 도달해야 할 종착점도 없다.

예를 들어 등산을 즐기는 사람들에게 그 이유를 물어보면 각기 상이한 응답이 돌아올 것이다. 어떤 이는 '산의 맑은 공기를 마시면 건강해지는 것 같아서'라고 말할 수 있고, 또 다른 이는 '자신의 건강 상태를 시험할 수 있기 때문'이라고 답할 수도 있다. 이 밖에도 다양한 응답을 들을 수 있음은 물론이다. 이러한 사례는 우리의 가치체계가 선형적으로 배열된 단선적 구조가 아니라 다방향적으로 확장되며 상호작용을 하는 유기적 구조 속에 자리하고 있음을 보여준다. 가치를 설명하거나 정당화하는 행위는 단일한 논리적 경로를 따르기보다 서로 연결된 다양한 가치들 사이를 횡단하며 그 관계망을 드러내는 과정인 것이다.

결국 인간의 가치체계는 끝없이 이어지는 도미노처럼 일렬로 배열된 사슬이라기보다는 복잡하게 얽힌 다원적 그물망에 가까운 형태를 띤다. 이 구조에서는 상호 인접한 가치들이 서로를 정당화하고 보완함으로써, 특정한 궁극적 근거나 최종 목적지 없이도 전체 구조는 안정적으로 유지될 수 있다. 따라서 가치는 독립적으로 존재하기보다 다른 가치들과의 관계 속에서 순환적으로 의미를 획득하며, 이러한 연결망적 구조를 통해 이해되어야 한다는 게 웨스턴의 주장이다.

2. 캐츠의 내재적 가치 비판과 환경윤리의 재구성

1) 웨스턴의 내재적 가치 논변에 대한 캐츠의 비판

캐츠는 먼저 "내재적 가치라는 개념은 환경윤리에서 정말로 핵심적인가?, 그것은 자연환경에 대한 모든 윤리적 의무의 토대를 이루는가?"라는 의문을 제기하며[10], 웨스턴의 주장을 비판한다. 앞서 살펴봤듯, 웨스턴은 환경윤리가 자연의 내재적 가치를 입증하려다 실패했고, 그 결과 학문 전체가 '안타까운 상태'에 빠졌다고 진단했다. 그는 또한 리건, 힐(Thomas E. Hill Jr., 1937~), 새고프, 그리고 노턴 등의 유명한 학자들 모두가 인간 이외의 자연물의 내재적 가치를 정당화하는 데 실패했음을 지적하였다.[11]

이에 대해 캐츠는 웨스턴이 내재적 가치의 중요성을 과장하고 있다고 비판한다.

---

10 Eric Katz, "Searching for Intrinsic Value: Pragmatism and Despair in Environmental Ethics," *Environmental Ethics*, 9, no.3(1987), p.232 참조.

11 Weston, "Beyond Intrinsic Value," p.327 참조.

> 웨스턴은 이 개념의 중요성을 지나치게 강조하고 있다. 환경철학자들이 물론 내재적 가치 개념에 대해 많은 논의를 하고 있긴 하다. …하지만 그 개념이 사용되는 방식은 웨스턴이 지적하는 형태는 아니다. 내재적 가치는 환경윤리의 토대로서 추구되고 있지 않다. … 따라서 이 개념을 명확히 설명하지 못한다고 하여 환경윤리학이 실패했다고 볼 수는 없다.[12]

캐츠에 따르면 환경철학자들이 내재적 가치를 논하긴 하지만, 그것이 윤리적 의무의 궁극적 토대로 쓰이는 경우는 드물다. 오히려 대부분의 경우는 도구적 가치 관련 논의를 보완하거나 그 범위를 제한하기 위한 보조 개념으로 동원할 뿐이다. 따라서 내재적 가치를 명료하게 증명하지 못한다고 해서 환경윤리학이 실패했다고 단정할 수는 없다는 것이 그의 입장이다.[13]

캐츠는 이를 뒷받침하기 위해 롤스턴과 캘리콧의 사례를 든다. 롤스턴은 자연의 도구적 가치를 다층적으로 상세히 분류하면서 생태계의 상호 의존성 속에서 도구적·내재적 가치의 구별 자체를 해소하려 한다.[14] 캘리콧 역시 흄의 감정윤리와 다윈의 진화론적 공감

---

12 Katz, "Searching for Intrinsic Value," pp.232-233.

13 Ibid., p.233 참조.

14 롤스턴의 핵심 주장은 자연의 모든 존재가 서로 의존적이며 연결되어 있지만, 동시에 각자 고유한 목적과 의미를 지닌다는 것이다. 즉, 어떤 존재가 다른 존재에게 도구적인 역할을 하더라도, 그것이 곧 그 존재의 가치가 수단적이지만은 않다는 뜻이다. 예를 들어, 사슴은 늑대에게 먹이로서 도구적 가치를 지니지만, 동시에 숲 생태계의 한 구성원으로서 자신만의 존재 목적과 내재적 가치를 가지고 있다. 롤스턴은 이처럼 자연의 구성원들이 서로에게는 수단이 되면서도, 그 자체로 의미와 가치를 가진 존재라고 본다. 이를 통해 그는 자연 속의 가치가 단순히 인간 중심적이거나 일방적

이론을 토대로 주관과 객관의 구분 자체를 해체하고, 전통적인 내재적 가치 개념을 '축소'하거나 '변용'한다.[15] 이들 모두는 전체론적(holistic) 관점에서 가치론을 전개하며, 웨스턴이 문제 삼는 개체 중심·인간 중심의 내재적 가치 개념에는 의존하지 않고 있다.[16]

반면 리건이나 테일러(Paul W. Taylor, 1923~2015)처럼 개별 생명이나 의식을 도덕적 가치 기준으로 삼는 이론은 생태계나 무생물 등을 충분히 포괄하지 못함으로써 인간 중심적 한계를 드러낸다.[17] 결국 캐츠는 이러한 사례들을 통해 내재적 가치가 환경윤리의 단일

인 것이 아니라, 다층적이고 관계적이며, 전체 생태계의 조화 속에서 드러나는 복합적인 가치임을 강조한다. Holmes Rolston III, *Environmental Ethics: Duties to and Values in the Natural World*(Philadelphia: Temple University Press, 1989) 참조.

15 캘리콧은 전통적인 '내재적 가치' 개념을 비판적으로 다시 해석하며, 가치를 주관과 객관으로 나누는 이분법적 사고를 해체하려는 입장을 취한다. 그는 칸트 철학이나 형이상학적 실재론에 기반한 기존의 내재적 가치 개념이 윤리적으로 설득력 있는 토대가 되기 어렵다고 본다. 대신, 모든 가치는 인간의 감정, 공감, 정서적 반응에서 비롯된다고 주장한다. 이런 관점에서 그는 흄의 감정윤리와 다윈의 진화론적 공감 이론을 받아들인다. 즉, 도덕 판단은 이성보다 감정에 기반하며, 공감은 진화 과정에서 생겨난 인간의 사회적 본능이라는 것이다. 따라서 가치는 세상에 객관적으로 존재하는 것이 아니라, 인간과 자연, 사회의 관계 속에서-즉 생물학적, 사회적, 문화적 진화를 거치며-형성되는 것으로 이해된다. 이러한 논리를 바탕으로 캘리콧은 기존의 '형이상학적인 내재적 가치' 개념을 '관계 속에서 발생하는 내재적 가치'로 바꾸어 제시한다. 즉, 그는 가치를 고정된 실체가 아닌, 인간과 자연의 상호작용 속에서 드러나는 관계적이고 공감적인 성격을 가진 것으로 새롭게 정의한다. J. Baird. Callicott, *In Defense of the Land Ethic: Essays in Environmental Philosophy*(Albany: State University of New York Press, 1989) 참조.

16 Katz, "Searching for Intrinsic Value," pp.233-234; 내재적 가치에 관한 캘리콧과 롤스턴의 비교 논증에 대해서는 김남준, 「생태중심주의에서 내재적 가치 논쟁」, 『윤리교육연구』, 54(2019), 59-118쪽 참조.

17 Ibid., p.235 참조.

한 기초가 될 수 없음을 보여주고 있다. 이와 관련하여 캐츠는 이렇게 말한다.

> 웨스턴은 내재적 가치 탐구가 환경윤리의 주요 초점이라고 생각하지만, 그의 생각은 잘못되었다. 자연의 내재적 가치는 환경윤리학의 궁극적 기초가 될 수 없으며, 그런 게 있을 리 만무하다. 왜냐하면 자연의 내재적 가치에 대한 명확한 설명에 기반하여 환경윤리를 옹호하려는 어떠한 주장도 근본적인 오류에 빠지기 때문이다.[18]

캐츠는 내재적 가치를 이론적으로 증명할 수 없고, 따라서 이에 근거하여 환경윤리를 옹호하려는 어떤 시도도 필연적으로 오류에 빠지고 만다는 주장을 펴고 있다. 그러면서 그는 내재적 가치가 환경윤리의 근간이 될 수 없는 이유로 다음 두 가지를 제시한다. 첫째는 내재적 가치라는 개념이 시스템 전체가 아닌 개별적 존재를 가치의 주체로 전제하고 있다는 점이고, 둘째는 내재적 가치 개념이 직관이나 합리성과 같은 인간 중심적 속성에 집중하는 경향을 보인다는 점이다.[19]

2) 내재적 가치의 제한적 규범 역할

캐츠에 따르면 내재적 가치 개념은 환경윤리를 개체주의 입장으

18 Ibid.

19 Ibid., 참조.

로 기울게 만든다. 이 개념은 전체적으로 개별 개체가 지닌 독립적 속성에 주목하며, 이는 생태계 전체의 상호 의존적 구조에 대한 윤리적 관심과는 어긋난다.

반면 캐츠는 환경윤리의 가장 유력한 형태는 본질적으로 전체론적이어야 한다고 본다. 환경윤리는 환경 전반을 포괄하는 윤리인 만큼, 도덕적 관심 역시 생태계 전체의 상호 의존적 기능에 집중해야 하며, 단지 생태계의 일부를 구성하는 독립적 개체에만 집중해선 안 된다는 것이다.[20] 이러한 관점에서 그는 내재적 가치 개념은 전체론적 시스템에서는 그 의미를 상실한다고 본다. '내재적(intrinsic)'이라는 말에 담긴 '그 자체로 존재하는 것'이라는 의미가 전체론적 관계망 속에서의 상호작용을 간과하게 만들기 때문이다. 이에 따라 캐츠는, 내재적 가치 개념의 강조는 오히려 전체론적 환경윤리의 발전을 저해할 수 있다고 본다.[21]

요컨대 캐츠는 내재적 가치 개념은 환경윤리의 핵심 토대가 아니며, 그 이론적 불명확성과 개체 중심적 한계 때문에 이를 환경윤리의 기초로 삼으려는 시도는 타당하지 않다고 비판하고 있다. 그렇다면 여기서 이러한 의문이 제기된다. "내재적 가치 개념이 더 이상 윤리적 의무의 기초가 아니라면, 이 개념은 대체 그 기능이 무엇인가?" 하는 것이다. 이와 관련하여 캐츠는 이렇게 말하고 있다.

---

20 Ibid., pp.235-236 참조.

21 Ibid., p.236 참조.

> 내재적 가치 개념은 환경에 대한 모든 의무의 기초가 아니다. 내재적 가치는 환경윤리학을 구성하는 데 있어 극히 작은 역할을 할 뿐이다. 그것은 인간 중심적인 도구적 가치에만 의존하려는 경향을 제한하는 데 도움이 된다. 내재적 가치는 그러한 역할을 하는 존재로서 인정받아야 한다. 그러나 완벽하게 설명되거나 정당화될 필요는 없다. 왜냐하면 그것이 모든 윤리적 의무의 기초는 아니기 때문이다.[22]

위의 언급은 내재적 가치 개념이 환경윤리에서 요구하는 모든 의무의 토대는 아니더라도, 인간 중심적 도구주의를 제어하는 규범적 장치로서 여전히 필요하다는 주장이다. 곧, 내재적 가치는 온전히 정당화될 필요는 없으나, 그 존재 가능성을 인정하는 것만으로도 인간 중심적 논리를 견제하고 비인간 존재에 대한 도덕적 고려의 지평을 넓히는 데 기여할 수 있다는 것이 캐츠의 핵심 주장이다.

종합하자면 웨스턴은 내재적 가치 개념이 환경윤리를 제약하는 철학적 족쇄라고 지적하며, 이를 넘어 맥락적·상호 연결적 가치관으로의 전환을 제안한다. 반면 캐츠는 내재적 가치를 환경윤리의 근간이 아닌, 도구주의적 관점을 견제하는 보조 규범으로 한정하면서 입증 강박을 버리고 전체론적 생태 시스템의 윤리로 초점을 옮길 것을 촉구하고 있다.

22 Ibid., pp.240-241.

05
내재적 가치 논쟁, 우리에게 어떤 의미가 있을까?

이 장을 열며

자연의 가치는 어디에서 비롯하는가? 인간에게 주는 유용성 때문일까, 아니면 그 자체만으로 고유한 가치를 지니고 있기 때문일까. 5장에서는 이 오래된 물음에 대해 웨스턴과 캐츠가 제시한 상반된 주장을 검토한 후, 양 입장을 비교·평가하고 해석한다.

웨스턴은 내재적 가치 개념이 환경윤리의 출발점이자 동시에 철학적 족쇄로 작용해 왔다고 비판한다. 그는 이 개념이 특정 전제에 논의를 가두어 환경윤리의 확장을 가로막았다고 지적하며, 가치란 독립된 실체가 아니라 서로 얽힌 관계망 속에서 의미를 얻는다고 주장한다. 그가 제안하는 대안은 단일한 궁극적 목적을 찾는 대신 다양한 가치들이 상호적으로 보완하며 정당화되는 다원적 가치관이다.

반면 캐츠는 내재적 가치가 환경윤리의 토대가 된 적은 거의 없으며, 오히려 인간 중심적 도구주의를 견제하는 보완적 장치로 기능해 왔다고 본다. 따라서 내재적 가치가 명료하게 증명되지 않았다고 해서 환경윤리 자체가 실패했다고 단정할 수는 없다고 주장한다. 그는 이 개념이 전체론적 시각과 긴장 관계를 갖는 한계를 인정하면서도, 여전히 인간 중심적 관점을 제어하는 규범적 장치로서 의미가 있다고 평가한다.

5장은 이처럼 웨스턴의 급진적 비판과 캐츠의 온건한 반론을 대비시킴으로써, 환경윤리의 향후 과제를 보여준다. 자연의 내재적 가치가 절대적 토대도 무가치한 잔재도 아닌, 맥락과 상황에 따라 유연하게 활용될 수 있음을 드러내면서, 다원적이고 전체론적인 새로운 윤리 체계로 나아갈 길을 모색한다.

---

1. 내재적 가치 패러다임을 둘러싼 웨스턴과 캐츠의 주장

1) 내재적 가치 논쟁에서의 웨스턴과 캐츠: 두 관점의 대비

여기서는 자연의 내재적 가치에 관한 웨스턴과 캐츠의 핵심적 주장을 정리한다. 이는 두 사람의 관점을 비교하고 평가하는 데 중요한 토대를 제공할 것이다. 먼저 웨스턴의 견해부터 살펴보자.

웨스턴에 따르면 "자연은 인간의 이익과 무관하게 고유한 가치를 갖는가?"라는 물음은 오랫동안 환경윤리 논의의 출발점이 되어 왔다. 하지만 동시에 이 물음은 논의의 범위를 지나치게 제한하는 철학적 족쇄로도 작용해 왔다. 많은 논의가 이미 "자연에는 내재적 가치가 존재하다"라는 전제를 암묵적으로 받아들인 채 전개되었기 때문이다. 다시 말해 "어떤 존재에 내재적 가치를 인정할 것인가?" 라는 질문 자체가 하나의 틀로 작동하면서 오히려 환경윤리의 발전을 가로막아 왔다는 것이 그의 비판이다. 웨스턴은 바로 이러한 문제의식하에 '내재적 가치'라는 개념 자체의 타당성에 의문을 제기하며 그 한계를 세 가지 측면에서 드러낸다.

우선, 내재적 가치는 다른 어떤 것에도 기대지 않고 '그 자체로 좋다'고 판단되어야 하는 자기 충족성을 전제한다. 그러나 이러한 조건은 결국 의식과 감각을 지닌 존재에게만 적용되므로, 무생물이나 생태계 전체는 논의에서 자연스럽게 배제되고 만다.

또한, 내재적 가치는 흔히 궁극적이고 유일한 최종 목적으로 간주되어야 한다는 압력을 수반한다. 전통적 가치 이론이 행복, 존엄, 자율성과 같은 단일 원리를 추구해 온 것도 이러한 일원론적 경향의 결과이며, 그 과정에서 자연의 가치는 다시 인간 중심적 가치의 하위 개념으로 격하되고 만다.

마지막으로, 내재적 가치는 다른 가치에 기대어 정당화될 수 없기에 신의 명령이나 선험적 직관과 같은 형이상학적 토대를 필요로 한다. 그러나 이러한 전제는 지나치게 무거운 부담을 남기며, 결국 철학자들로 하여금 다시 인간 중심적 타협으로 후퇴하게 만든다. 웨스턴은 바로 이러한 족쇄들 때문에 환경윤리가 여전히 인간중심주의와 유감주의의 한계를 넘어서지 못한 채 제자리걸음을 하고 있다고 지적한다.

이에 대한 대안으로 그는 내재적 가치의 패러다임을 벗어나 가치들을 맥락적이고 상호 연결적인 관계망 속에서 이해할 것을 제안한다. 예를 들어 한강에서의 자전거 타기는 내재적 가치에 의존하지 않더라도 다양한 가치들과 연결되며 의미 있는 행위가 될 수 있다. 한강 변을 달리며 느끼는 상쾌한 바람은 신체적 건강을 증진시키고, 강을 따라 펼쳐지는 풍경은 심리적 안정과 미적 즐거움을 안겨주며, 함께하는 사람들과의 교류는 사회적 유대감을 강화한다.

이처럼 여러 가치가 맥락적으로 얽혀 있는 덕분에 자전거 타기는 단일한 궁극적 목적이 없어도 충분히 의미 있는 활동이 된다. 가치는 하나의 최종 목적을 향해 직선적으로 나아가는 도미노가 아니라, 거미줄처럼 서로를 지탱하고 정당화하는 관계망 속에서 이해되어야 한다. 따라서 어떤 가치를 설명할 때 단일한 이유나 최종 목적을 찾기보다, 다양한 가치들이 유기적으로 연결돼 있음을 드러내는 것이 더 온전한 이해를 가능하게 한다는 것이다.

결국 웨스턴의 주장은 명확하다. 가치는 독립적으로 고립된 실체가 아니라 다른 가치들과의 관계 속에서 순환적으로 의미를 얻는다. 따라서 환경윤리 또한 내재적 가치라는 철학적 족쇄를 벗어나, 다원적이고 유기적인 관계망의 관점에서 새롭게 구성되어야 한다는 것이다.

다음은 캐츠의 주장이다.

캐츠는 웨스턴과 달리, 환경윤리에서 내재적 가치 개념이 지나치게 강조되고 있다고 비판한다. 웨스턴은 환경윤리가 자연의 내재적 가치를 입증하지 못한 탓에 학문 전체가 실패했다고까지 말하지만, 캐츠는 이러한 진단이 과장되었다고 본다. 그는 내재적 가치가 환경윤리의 궁극적 토대로 추구된 적이 거의 없으며, 대부분의 경우는 단지 인간 중심적 도구주의를 보완하거나 그 한계를 제어하기 위한 보조 개념으로 활용되어 왔다고 지적한다. 따라서 내재적 가치를 명료하게 증명하지 못한다고 해서 환경윤리학이 실패했다고 단정할 수는 없다는 것이다.

캐츠는 자신의 주장을 뒷받침하기 위해 롤스턴과 캘리콧의 사례를 제시한다. 이들은 생태계의 상호 의존성을 강조하면서 도구적 가치와 내재적 가치의 구분 자체를 흐리거나 해소하려 했다. 즉, 이들은 환경윤리를 전체론적 시각에서 전개했기 때문에, 웨스턴이 비판하는 '개체 중심적인 내재적 가치 개념'에 기대지 않았다. 반대로 리건이나 테일러처럼 개별 생명이나 의식을 도덕적 기준으로 삼는 이론은 생태계와 무생물을 포괄하지 못해 결국 인간 중심적 한계를 드러냈다. 캐츠는 이러한 대비를 통해 내재적 가치가 환경윤리의 단일한 기초가 될 수 없음을 강조한다.

그는 내재적 가치 개념이 지닌 두 가지 한계를 지적한다. 하나는 그것이 개별 존재를 가치의 주체로 전제함으로써 환경윤리를 개체주의적 입장으로 기울게 만든다는 점이고, 다른 하나는 직관이나 합리성과 같은 인간 중심적 속성에 집중함으로써 전체론적 환경윤리와 조화를 이루지 못한다는 점이다. 결과적으로 내재적 가치 개념은 오히려 생태계 전체의 상호 의존적 구조를 간과하게 만들고, 전체론적 윤리의 발전을 저해할 수 있다는 것이 캐츠의 비판이다.

그럼에도 불구하고 캐츠는 내재적 가치 개념을 완전히 폐기해야 한다고 보지는 않는다. 그는 이것이 환경윤리의 기초는 될 수 없지만, 인간 중심적 도구주의가 독점적으로 지배하지 못하도록 견제하는 규범적 장치로서 일정한 의미를 지닌다고 본다. 다시 말해, 내재적 가치는 온전히 정당화될 필요까지는 없으며, 그 존재 가능성만 인정되어도 인간 이외의 자연에 대한 도덕적 고려의 폭을 넓히는 데 기여할 수 있다는 입장이다.

결국 캐츠의 핵심 주장은 이렇다. 내재적 가치는 환경윤리의 토대가 될 수 없으며, 그 개념의 불명확성과 한계로 인해 기초 이론으로 삼는 것은 부적절하다. 그러나 동시에 그것은 여전히 인간 중심적 가치관을 제어하는 보완적 장치로서, 비인간 존재를 향한 윤리적 시야를 확장하는 데 중요한 역할을 할 수 있다.

2) 웨스턴과 캐츠의 내재적 가치론: 비교와 평가

이제 위에서 정리한 웨스턴과 캐츠의 주장을 비교·평가해 보자.

첫 번째는 내재적 가치 개념에 대한 기본 인식의 차이이다.

웨스턴은 내재적 가치를 환경윤리의 발전을 제약하고 구속하는 철학적 족쇄로 본다. 그 이유는 이 개념이 논의를 특정 전제에 가두어, 환경윤리가 자유롭고 다원적으로 확장되는 것을 가로막기 때문이다. 반면 캐츠는 내재적 가치가 환경윤리의 핵심 토대가 아니라 오히려 보완적 개념으로 쓰여 왔다고 본다. 따라서 이를 명확히 입증하지 못한다고 해서 환경윤리 전체가 실패했다고 단정하는 것은 지나친 과장이라고 지적한다.

요컨대 웨스턴이 내재적 가치 개념의 구조적 문제를 강하게 드러내며 새로운 패러다임의 전환을 모색한다는 점에서 급진적이라면, 캐츠는 학문적 현실과 기존 논의의 맥락을 고려하여 내재적 가치의 역할을 과도하게 확대해석하지 않는다는 점에서 현실적이라 할 수 있다.

두 번째는 내재적 가치 개념의 한계에 대한 인식의 차이이다.

웨스턴은 내재적 가치 개념이 자기 충족성을 요구함으로써 결국 의식적인 존재만을 가치의 주체로 인정하게 만들고, 단 하나의 궁극적 목적을 강요하는 일원론적 압력을 낳으며, 나아가 형이상학적 정당화를 필요로 한다는 점에서 철학적으로 부적절하다고 비판한다. 이에 반해 캐츠는 내재적 가치가 개별적 존재에 주목하고 인간 중심적 속성에 의존하는 경향이 있어 전체론적 생태윤리를 충분히 담아내지 못한다고 지적한다.

요컨대 웨스턴이 내재적 가치 개념의 논리적·철학적 구조 자체를 비판하며 근본적 회의를 제기하고 있다면, 반대로 캐츠는 내재적 가치 개념이 지닌 개체주의적 한계로 인해 전체론적 시각을 방해한다는 점을 비판하고 있다.

세 번째는 내재적 가치에 대한 대안의 차이이다.

웨스턴은 내재적 가치의 한계를 극복하기 위한 대안으로 맥락적이고 상호 연결적인 가치관을 제시한다. 그는 가치들이 거미줄처럼 서로 얽혀 있는 관계망 속에서 정당화될 수 있고, 궁극적 목적 없이

도 충분히 그 의미를 지닐 수 있다고 주장한다. 반면 캐츠는 환경윤리란 본질적으로 전체론적 관점을 지향해야 한다고 본다. 내재적 가치가 비록 환경윤리의 핵심적 토대가 될 수는 없지만 인간 중심적 도구주의를 견제하는 보조적 장치로는 여전히 의미를 지닌다고 평가한다.

요컨대 웨스턴이 가치체계의 근본적 전환을 추구하는 혁신적 모델을 제안하고 있다면, 캐츠는 현실적인 틀 안에서 내재적 가치의 제한적 역할을 인정하고 있다.

네 번째는 내재적 가치 개념의 필요성에 대한 차이이다.

웨스턴은 내재적 가치가 지닌 철학적 한계 때문에 더 이상 유효하지 않으며, 이를 대신할 새로운 관계망적·맥락적 가치 이해로 대체되어야 한다고 본다. 반면 캐츠는 내재적 가치가 환경윤리의 근본 토대가 될 수는 없지만, 인간 중심적 관점을 견제하는 보완적 장치로서 여전히 필요하다고 주장한다. 따라서 웨스턴이 내재적 가치 개념의 해체와 전환을 강조하는 급진적 비판자라면, 캐츠는 그 제한적 필요성을 강조하는 온건한 비판자라 할 수 있다.

위에서 살펴본 내용을 종합적으로 간추리면 이러하다. 웨스턴의 주장은 내재적 가치 개념의 철학적 한계를 예리하게 드러내며, 이를 넘어서는 새로운 윤리적 지평을 제시한다는 점에서 참신하고 도전적이라 할 수 있다. 하지만 그의 입장이 지나치게 단호하여, 환경윤리 담론의 다양성과 복합성을 과도하게 단순화하는 한계가 있다. 반면 캐츠는 내재적 가치 개념의 역할을 보다 현실적으로 평가하면서, 그것이 환경윤리학 전체를 실패로 몰아갈 만큼 결정적인 문제는 아니라고 본다. 다만 그의 입장은 내재적 가치를 보조적 장치로 과도하게 축소함으로써, 그 개념이 담고 있는 철학적 의미를 충분히 반영하지 못한다는 아쉬움이 있다.

결국 두 입장은 서로 다르지만 동시에 보완적이다. 웨스턴의 비판은 기존의 틀을 넘어 새로운 사유의 지평을 열어주는 반면, 캐츠의 반론은 내재적 가치 개념이 여전히 일정한 규범적 기능을 갖는다는 현실을 일깨워 준다. 따라서 환경윤리의 향후 과제는 내재적 가치를 절대적 토대나 무의미한 잔재로 간주하지 않고, 구체적 맥락 속에서 제한적으로 활용하는 한편, 이를 토대로 다원적이고 전체론적인 윤리 체계를 모색하는 데 있다고 할 수 있다.

2. 내재적 가치론의 비판과 재구성

1) 내재적 가치 개념과 도덕공동체의 범위

환경윤리학의 기본적 주장 가운데 하나는 도덕공동체의 범위 확대 요구이다. 전통적으로 인간에게만 한정되어 있던 도덕공동체 범위에 인간 이외의 존재들까지 포함할 것을 요구하는 것이다. 이때 그 요구를 철학적으로 정당화하는 기반으로 작용하는 것이 '내재적 가치' 개념이다. 내재적 가치를 지닐 수 있는 존재의 범위를 어디까지 설정하는가에 따라 도덕공동체의 성격은 달라지는데, 이는 크게 세 가지 입장으로 구분된다.[1]

첫 번째는 내재적 가치의 담지자를 어디까지나 인간에게만 한정하는 인간중심주의 입장이다. 이 입장에 따르면 인간 이외의 존재는 내재적 가치를 전혀 지닐 수 없고, 오로지 인간의 목적에 봉사하는 도구적 가치만을 갖는다.

두 번째는 내재적 가치의 담지자를 인간뿐만 아니라 인간 이외의 존재도 포함하는 탈인간중심주의 입장이다. 이 입장에서는 자연물 역시 인간과 동등한 수준의 객관적인 내재적 가치를 지닌다고 본다. 곧, 인간의 존재 여부와 관계없이 자연물에도 외부로부터 독립적인 내재적 가치가 실재하는 것으로 간주한다.

세 번째는 내재적 가치의 담지자로 인간과 그 이외의 존재를 포함한다는 점에서 탈인간 중심적 성격을 띠지만, 인간 이외의 존재의 내재적 가치가 외부로부터 독립적으로 실재하지 않다는 점에서 약한 인간중심주의로 불리는 입장이다.

여기서는 인간이 유일한 내재적 가치의 보유자로서 특권적 지위를 독점하지 않는다. 인간 이외의 존재들 또한 내재적 가치를 지닐 수 있기 때문이다. 그러나 그 가치의 기원은 궁극적으로 인간에게 있으며, 인간이 가치를 부여하는 주체로서의 특권은 여전히 유지된다. 곧, 인간의 가치판단이나 태도로부터 독립된 객관적인 내재적 가치는 인정하지 않는 가치주관주의 입장을 취한다.

이상에서 살펴봤듯 환경윤리학의 논의에서 내재적 가치는 핵심적

1 김일방, 「환경윤리학에서의 내재적 가치: 존 오닐(John O'Neill)의 논의를 중심으로」, 『초등도덕교육』, 80(2022), 161-190쪽 참조.

키워드로 기능한다. 그런 만큼 내재적 가치 문제는 환경윤리학에서 다른 어떤 쟁점보다도 그 논의가 선행될 필요가 있다. 하지만 안타깝게도 내재적 가치 개념에 설득력을 부여하려는 철학적 논의는 충분히 이뤄지지 못했다. 이러한 상황에서 내재적 가치 개념에 대한 본격적인 철학적 비판이 처음 제기된 것은 웨스턴에 의해서였다.

2) 내재적 가치 개념의 한계와 전체론적 맥락주의

웨스턴은 비인간 중심적 환경윤리를 정립하려면 내재적 가치라는 전통적 이론 틀에서 벗어나야 한다고 주장한다. 왜냐하면 내재적 가치 개념은 본질적으로 인간 중심적 사고 틀을 극복하지 못하며, 개념 자체로도 문제가 많기 때문이다. 그에 따르면 내재적 가치 개념은 자기 충족성, 가치 일원론, 형이상학적 정당화와 같은 철학적으로 무거운 전제를 요구하며, 이러한 요구는 오히려 환경윤리학의 이론 구도를 다시금 인간 중심적 관점에 가두는 역설을 초래한다. 이러한 비판적 관점에서 웨스턴은 내재적 가치를 환경윤리학의 이론적 토대로 삼으려는 시도 자체가 근본적으로 잘못된 방향임을 지적한다.

더불어 그는 이에 대한 대안으로 보편적, 고정적인 가치 개념 대신, 맥락에 따라 유동적이고 관계적으로 형성되는 '맥락적·상호 연결적 가치관'으로의 전환을 제안하였다.

필자 역시 내재적 가치 개념에는 여러 이론적 결함이 들어있다고 판단한다. 그중 하나는 내재적 가치는 형이상학적 추정성에 의

존한다는 점이다. 예컨대 "자연은 그 자체로 가치가 있다"라는 주장은 경험적이거나 과학적인 방법으로 입증이 불가능하며, 당연히 그럴 것이라고 믿는 신념의 성격이 강하다고 본다. 이러한 형이상학적 전제는 환경윤리 담론을 내재적 가치를 둘러싼 규범적 논쟁에 가두는 결과를 초래하며, 실제적인 실천 기준을 정립하는 데 장애로 작용할 수 있다.

또한 내재적 가치 개념은 추상성과 정의 불가능성으로 인해 철학적으로도 문제가 된다. 무어가 '좋음'은 단순하고 분석이 불가능한 개념이라 지적했듯, 내재적 가치 역시 추상적이고 다른 개념을 통해 정의하기가 매우 어렵다. 이처럼 내재적 가치 개념을 정의하려는 시도가 실패하면 '도구적 가치가 아닌 가치'라는 식의 부정적 정의로 환원할 수밖에 없게 되고, 이는 결국 그 개념의 공허함을 드러내 준다. 이러한 점에서 내재적 가치를 개념적으로 정당화하거나 논리적으로 설득력 있게 설명하는 것은 매우 어려운 과제임을 알 수 있다.

이와 같이 내재적 가치 개념의 한계가 분명해진 이상, 이를 보완하기 위해선 다른 대안 모색이 요구된다. 이에 필자는 대안적 관점으로 '전체론적 맥락주의'를 제안하고자 한다. 이는 웨스턴의 '맥락적·상호 연결적 가치관'과 유사한 관점으로, 모든 개념이나 판단의 의미와 가치는 그것이 놓인 전체적 구조와 구체적 맥락 속에서만 온전히 이해될 수 있다는 철학적 입장을 말한다.

이 입장에 따르면 어떤 대상도 그 자체로 절대적인 가치를 지닐 수 없다. 모든 대상은 다른 많은 것들과의 다양한 종류의 관계 속에 존재하며, 이러한 관계망 안에서 특정한 가치를 얻는다. 나아가 하나의 가치가 특정한 맥락에서는 당연한 것으로 받아들여져 별도의 정당화 노력을 요구하지 않을 수 있으나, 다른 맥락에서는 그 정당성이 문제시될 수도 있다. 어떤 가치가 전자에 속하고, 어떤 가치가 후자에 속하는지는 오직 그 가치가 작동하는 구체적 맥락에 따라 결정된다.

이처럼 모든 가치판단은 맥락적이며 어떤 가치도 모든 상황에서 절대적 우위를 점할 수는 없다. 이러한 관점은 독립성, 자기 충족성, 부동의 동자와 같은 속성을 지닌 내재적 가치의 존재를 부정한다. 대신 모든 존재는 다수의 사물과 복잡하게 얽힌 관계의 그물망 속에서 하나의 매듭으로 기능하며, 바로 이러한 구조적 위치 속에서 일정한 가치를 갖게 된다는 이해에 기반을 둔다.

전체론적 맥락주의는 내재적 가치론의 한계를 보완할 수 있는 나름의 장점이 있다.

첫 번째 장점은 실재성 논란으로부터 벗어날 수 있다는 점이다. 내재적 가치는 그 실재성 여부에 관한 형이상학적 논쟁을 피할 수 없는 반면, 전체론적 맥락주의는 가치란 '관계 속에서 생성된다'는 구성주의적 관점을 따르기에 존재론적 논쟁에 갇히지 않는다.

두 번째 장점은 생태학적 사고와 부합한다는 점이다. 내재적 가치론은 무엇보다도 그 가치를 가진 대상에만 관심을 집중함으로써 그 대상과 함께 전체 시스템을 이루는 다양한 대상들과의 관계에 대한 이해를 간과할 위험이 있다. 즉, 내재적 가치론은 다양한 요소들의 상호 의존과 연관으로 이루어진 시스템 전체에 대한 역동적 이해를 강조하는 생태학적 사고와 상충하는 사고를 낳을 위험을 안고 있는 것이다. 반면 전체론적 맥락주의는 개별 생명체의 가치 평가 시 그 생명체만 따로 분리하지 않고 그 생명체가 속한 생태계 전체, 그리고 그 생태계가 작동하는 맥락 전체를 고려하기에 생태학적 사고와 친화성을 지닌다.

세 번째 장점은 실천적으로 유용한 방향을 제시할 수 있다는 점이다. 예를 들어 개발과 보존을 놓고 갈등이 발생했을 시 내재적 가치론은 자연의 고유한 가치를 근거로 개발을 원천적으로 제한하거나 보존을 절대시하는 경향이 있어, 현실적인 조율을 어렵게 만들 수 있다. 반면 전체론적 맥락주의는 개발이 생태계 질서에 미치는 영향을 총체적으로 고려하여 상황에 따라 개발을 허용하거나 보존을 우선시하는 유연한 판단이 가능해진다. 이는 생태적 맥락에 기반한 판단을 통해 윤리적 갈등 해결을 보다 원활히 도모할 수 있음을 시사한다.

이상에서 살펴봤듯 전체론적 맥락주의, 즉 맥락적·상호 연결적 가치관은 내재적 가치론에 비해 이론적 타당성과 실천적 유용성 면에서 보다 우수한 대안이 될 수 있다. 여기서 특히 주목할 점은 웨스턴의 선견지명이다. 내재적 가치에 대한 논의가 아직 본격화되지 않았던 1980년대 중반, 그는 내재적 가치 개념의 한계를 비판적으로 분석하고 이에 대한 대안적 관점을 제시하였다. 이러한 웨스턴의 통찰력은 당시로서는 매우 선구적인 것이었으며, 그의 견해는 오늘날에도 여전히 중요한 이론적 함의를 지닌다는 점에서 높이 평가받을 만하다고 본다.

3) 캐츠의 내재적 가치론: 설득력과 그 한계

이제 다음에 살펴봐야 할 것은 캐츠의 내재적 가치론이다.

캐츠의 주장은 웨스턴의 내재적 가치 개념에 대한 평가가 과도하다는 점을 지적하며, 실지로 환경윤리 담론에서 차지하는 내재적 가치의 역할이 웨스턴이 말하는 것만큼 중심적이지 않다는 인식에서 출발한다. 그에 따르면 많은 환경철학자들이 이 개념에 대해 자주 언급하긴 하지만, 그것을 정책이나 행동의 최종적 토대나 궁극적 근거로 삼는 경우는 드물다. 오히려 내재적 가치는 도구적 가치가 설명하지 못하는 지점을 보완하거나 제한하는 보조적 개념으로 쓰이는 경우가 많다는 것이다.

더불어 캐츠는, 환경윤리에서 내재적 가치 개념이 마치 초월적 기준처럼 기능하며 다양한 도덕적 상상력을 억제한다는 웨스턴의 비판에 동의하지 않는다. 그는 실제 환경철학자들이 내재적 가치를 절대화하지 않으며, 실천에서는 훨씬 더 유연하게 접근한다고 본다. 곧, 캐츠에게 있어 웨스턴이 공격하는 '내재적 가치 중심 모델'은 환경윤리학을 지나치게 단순화하거나 오독한 결과에 불과하다는 것이 그의 진단이다.

필자가 보기에 캐츠의 주장에는 수용 가능한 측면과 수용하기 어려운 측면이 공존하고 있다. 먼저 수용 가능한 측면으로는 많은 환경철학자들이 도구적 가치를 기반으로 논의를 전개하면서 내재적 가치는 보조적 개념으로 사용한다는 주장이다. 실제로 환경정책과 윤리적 실천은 인간의 복지, 생태계 서비스, 경제적 이익 등 도구적 가치를 중심으로 설계되는 경우가 많다.

반면 "자연은 그 자체로 존중받아야 한다"라는 내재적 가치 주장은 매력적이긴 하나, 실제적 논증과 정책적 실행 측면에서는 일정한 한계를 보이는 것이 사실이다. 환경정책이나 NGO의 담론을 살펴보더라도 대부분은 경제적 가치, 건강, 생태계 서비스 등 도구적 가치에 기반하고 있으며, 내재적 가치는 주로 도덕적 호소나 담론의 미학적 정당화 차원에서 활용되는 수가 많다.

이러한 점에 비춰볼 때, 캐츠의 관찰은 환경철학에서 실제로 작동하는 가치 언어의 양상을 제대로 반영하고 있다고 평가할 수 있다. 즉, 그의 주장은 현실적 정책 담론과 환경윤리의 실제적 적용 방식을 정확히 포착하고 있다는 점에서 수용할 만한 통찰을 제공해준다.

캐츠의 주장 가운데 수용 가능한 측면은 한 가지 더 있다. 환경윤리학자들이 환경윤리학의 발전을 가로막을 만큼 내재적 가치를 절대화하는 게 아니라, 실천 측면에서는 보다 유연하게 접근한다는 사실이다. 실제로 많은 환경철학자들은 내재적 가치를 이론적으로 중요하게 강조하지만, 실천의 단계에서는 그 개념을 절대화하지 않고 융통성 있게 적용하려는 경향을 보여왔다.

예를 들어 캘리콧은 생태학적 사실과 공동체 중심의 윤리를 강조하면서도, 내재적 가치 개념을 절대화하면 실제 적용이 어렵다고 본다. 롤스턴 또한 자연의 내재적 가치를 인정하지만 도구적 가치와의 균형적 고려를 주장한다. 그에 따르면, 생명체는 단순한 물체가 아니라 자기 목적을 지닌 도덕적 주체로서 자신의 생존을 추구할 수 있다는 생명체 중심의 내재적 가치 이론을 제안했지만, 인간 사회의 필요도 무시하지 않았다. 이처럼 환경철학자들은 내재적 가치를 윤리적 의무의 근본적 토대로 절대화하기보다, 혼합적 접근(내재적 가치+도구적 가치+관계적 가치)을 취하고 있다는 점에서 캐츠의 지적은 타당한 측면이 있다고 본다.

그러나 캐츠의 주장에는 수용하기 어려운 측면도 있다. 캐츠는 실천주의 입장으로 경도되면서 내재적 가치 개념이 갖는 철학적 영향력을 간과하고 있는 것으로 보인다.

환경철학에서 내재적 가치 개념은 이론적 핵심이라 할 수 있다. 이 개념은 인간중심주의를 극복하고 비인간 존재에 대한 도덕적 고려를 가능케 하는 철학적·윤리적 정당화의 핵심 기반으로 작용한다. 이 개념은 또한 자연과 그 구성 요소들이 인간의 목적이나 유용성과 무관하게 그 자체로 보호받을 가치가 있음을 주장할 수 있는 이론적 근거를 제공하며, 생명중심주의, 생태중심주의 등 다양한 환경윤리 이론의 정초 개념으로도 기능한다.

더 나아가 내재적 가치 개념은 환경보호의 당위성을 윤리적으로 정당화하고 생태계 구성원 간의 도덕적 연대와 책임의식을 형성하는 데 기여함으로써, 환경정책과 실천의 윤리적 방향성을 설정하는 데 중요한 역할을 수행한다. 내재적 가치가 실천적 측면에서는 중심적 토대로 기능하지 못한다 해도, 환경철학의 이론적 정당성의 근간으로는 여전히 중요한 위치를 차지하고 있는 것이다.

이러한 관점에서 볼 때, 캐츠의 비판이 웨스턴의 주장을 근본적으로 무력화하는 데는 한계가 있다. 오히려 캐츠의 비판은 웨스턴의 주장에 이론적 균형을 부여하는 보완적 시각으로 기능하며, 그의 주장을 폐기하기보다는 성찰적으로 재구성할 여지를 제공한다. 따라서 양자의 입장은 상호 대립이라기보다는 상호보완적 긴장 관계 속에서 이해하는 것이 타당해 보인다.

06

환경윤리는 실용주의에 기초할 수 있는가, 아니면 별도의 가치 토대를 요구하는가?

이 장을 열며

6장에서는 환경윤리를 실용주의로 전환할 수 있는지를 둘러싼 웨스턴(Anthony Weston)과 캐츠(Eric Katz)의 논쟁을 다룬다.

비인간중심주의와 자연의 내재적 가치 논의를 축으로 발전해 온 전통적 환경윤리학은 이론적으로는 정교해졌으나, 구체적 문제 해결과는 동떨어져 있다는 비판을 받아왔다. 환경실용주의는 이러한 한계를 넘어서기 위해, 환경윤리를 추상적 가치 이론이 아니라 경험과 맥락, 설득과 실천을 중시하는 공공철학으로 재구성하자는 제안으로 등장한다. 이 장에서 다루는 웨스턴과 캐츠의 논의는 이러한 문제의식을 대표하는 두 방향을 보여준다.

먼저 웨스턴은 내재적 가치 개념에 얽매인 형이상학적 논증을 비판하면서, 직접적인 자연 체험에서 느끼는 경외심과 책임감 같은 구체적 경험을 토대로 한 맥락적·다원적 가치 접근을 제안한다. 그는 철학적 입증보다 생생한 묘사와 체험, 그리고 맥락과 상황에 적합한 문제 해결이야말로 자연의 가치를 옹호하는 더 현실적이고 효과적인 길이라 본다.

반면 캐츠는 환경윤리가 이미 실용주의적 요소를 상당 부분 수용하고 있음을 지적하며, 인간의 욕구와 경험을 윤리의 기초로 삼는 실용주의는 불안정하고 상대주의로 흐를 위험이 크다고 비판한다. 그에 따르면 도덕적 의무는 개인적 경험이나 감정과는 무관하게 성립하며, 환경윤리 역시 실용주의의 변덕스러운 기반이 아니라 보다 안정적이고 보편적인 가치론적 토대를 새롭게 마련해야 한다.

이 장은 이러한 두 사람의 논쟁을 살펴봄으로써 환경윤리와 실용주의가 공유하는 지점과 그 한계를 함께 조망하며, 나아가 더 안정적이고 보편적인 가치 기반의 필요성을 부각한다.

---

1. 웨스턴의 실용주의적 환경윤리

1) 경험에서 찾는 자연의 가치

웨스턴이 환경윤리와 실용주의의 관계에 관하여 펼치는 주장은 한마디로 요약하면 '환경윤리의 실용주의적 전환'이라 할 수 있다. 그는 자연의 가치를 옹호하는 새로운 이론을 구성하기보다, 이미 당연한 것으로 여겨지며 논쟁의 여지가 거의 없어진 '내재적 가치' 개념이라는 속박에 맞서 치열하게 문제를 제기하는 방식을 택한다.[1] 많은 환경윤리학자들이 자연의 가치를 증명하기 위해 내재적 가치와 같은 무거운 철학적 개념을 도입하는 반면, 웨스턴은 굳이 그럴 필요가 없다고 본다. 사람들이 실제로 자연 속에서 경험하고 공유하는 행동 방식만 돌아봐도 충분하기 때문이다.

실용주의적 환경윤리는 자연의 가치를 철학적으로 '입증'하려 들지 않는다. 대신 이미 우리의 경험 속에 내재된 경이로움, 평온함, 책임감과 같은 감정을 출발점으로 삼는다. 뮤어, 소로(Henry David Thoreau, 1817~1862), 레오폴드처럼 자연을 깊이 체험한 이들의 삶과 더불어, 등산, 캠핑, 카누, 산악스키 등과 같은 대중적 자연 체험이 잘 보여주듯 자연은 경외, 기쁨, 안식, 책임감 등의 심층적 욕구를 일깨우고 강화하는 힘을 지닌다. 이와 관련하여 웨스턴은 이렇게 말하고 있다.

> 이러한 감정들은 자연의 가치를 실용적으로 옹호하는 하나의 방법으로서 매우 중요한 출발점이다. 그것은 단순히 철학자가 발견하지 못한 내재적 가치에 대한 '차선책'이거나 약한 인간중심주의의 대체안으로 이해될 수 없다. 더 나아가 이러한 정서적 경험은 철학적 입증을 전혀 필요로 하지 않는다.[2]

정리하자면, 자연 체험에서 오는 다양한 감정 그 자체가 이미 자연의 가치를 정당화하는 강력한 근거이기에 별도의 철학적 입증

---

1 Anthony Weston, "Beyond Intrinsic Value: Pragmatism in Environmental Ethics," *Environmental Ethics*, 7, no.4(1985), p.334 참조.

2 Ibid., pp.334-335.

을 요구하지 않는다는 주장이다. 웨스턴에 따르면, 오히려 워즈워스(William Wordsworth, 1770~1850)의 시나 소로의 『월든』에 담긴 생생한 묘사와 이미지가 자연의 가치를 더욱 명료하게 드러낼 수 있다. 예컨대 워즈워스가 석양빛과 산바람을 노래하거나 소로가 호수를 '대지의 눈'에 비유할 때, 우리는 직접적인 논증 이상의 강한 공감과 설득을 경험하게 된다. 웨스턴은 이러한 점에서, 니체(Friedrich Nietzsche, 1844~1900)의 지적처럼 철학자들이 현실의 가치를 다루는 데 너무나 서툴다는 사실을 상기시키며, 실용주의는 '이론적 증명'보다 '경험의 생생한 묘사'에 더 큰 비중을 두고 있다고 말한다.[3]

요컨대 웨스턴이 말하는 환경윤리의 실용주의적 전환은 자연의 가치를 무거운 형이상학적 개념이나 내재적 가치 이론으로 '증명'하려는 시도에서 벗어나, 사람들이 실제로 자연 속에서 경험하고 나누는 감정과 실천을 출발점으로 삼자는 제안이라 할 수 있다. 등산과 캠핑, 카누와 같은 일상적 자연 체험에서 솟아나는 경외, 기쁨, 안식, 책임감의 감정, 그리고 워즈워스의 시나 소로의 글이 만들어내는 생생한 이미지 자체가 이미 자연의 가치를 정당화하는 강력한 근거로 기능한다. 실용주의적 환경윤리는 이처럼 삶과 경험 속에서 자연의 가치를 드러내는 언어와 이미지에 주목함으로써, 내재적 가치 논쟁의 굴레를 벗어나 보다 현실적인 차원에서 자연 옹호의 기반을 다시 세우고자 한다.

3 Ibid., p.335 참조.

2) 맥락과 다원성으로 보는 자연의 가치

웨스턴은 다음 단계로 내재적 가치라는 틀의 집착을 걷어내기 위해 롤스턴식 내재적 가치론을 비판한다. 롤스턴은 자연을 단순한 자원이 아니라 '원천'으로 바라볼 것을 강조한다. 예를 들어 숲이나 동물은 인간의 이용을 위해서만 존재하는 것이 아니라, 그 존재 자체에 고유한 가치가 들어 있다는 의미이다. 그에 따르면, 모든 생명체는 '초월적 숭고함'이라는 자기 목적적 가치를 지니며 생태계 전체의 조화와 균형이 중요하다.

그러나 웨스턴은 자연을 자원이 아닌 원천으로 이해하려는 시도 자체는 의미가 있으나, 이를 다시 내재적 가치론의 틀에 맞추어 해석하려 할 경우 오히려 설명력과 설득력이 약화된다고 지적한다. 모든 가치를 내재적 가치라는 단일 모델로 환원할 필요는 없다는 것이 웨스턴의 핵심 비판이다.[4]

웨스턴은 이어서 실용주의가 제안하는 맥락 중심의 문제 해결 방식을 강조한다. 즉, 자연보호의 의미와 그 중요성은 추상적이고 보편적인 원리로 입증되는 것이 아니라 각 상황의 맥락을 구체적으로 살펴 설명하는 데서 설득력을 얻는다는 것이다. 예를 들어 알래스카의 국립공원을 지키려면, 그 지역의 생태계가 드물게 온전한 반면, 파괴 압력은 크고, 동시에 에너지 개발 측면에서는 현실적 대안이 충분하다는 사실을 제시하면 설득력이 확보될 수 있다. 이

4 Ibid., p.336 참조.

는 모든 사안에 적용될 수 있는 단일한 '내재적 가치'를 찾기보다, 상황마다 상충하는 가치들을 비교·조정하면서 최선의 대안을 모색해야 한다는 의미이다.[5]

더불어 웨스턴은 상대방을 설득하는 과정에서 '일격필살'식 논증을 경계해야 함을 강조한다. 사람들 중에는 자연의 가치에 아예 무관심하거나 개발을 늘 우선시하는 이들도 있을 수 있다. 하지만 이런 사람들조차도 자연의 아름다움, 안정성, 그리고 여가적 가치 등을 인정하는 공통의 기반을 지니고 있다.

실용주의자는 대립자를 단번에 굴복시키는 논증을 찾기보다, 사람들이 이미 공유하고 있는 자연에 대한 긍정적 정서를 확대해 나가는 방식이 더 효과적이라 본다. 모터보트를 즐기는 사람일지라도 울창한 숲을 바라볼 때 느끼는 기쁨은 부인할 수 없을 것이기 때문이다. 이러한 공통분모를 토대로 실질적 대안을 논의한다면, 자연보호와 상이한 이익 간의 타협점을 찾기가 한층 수월해진다는 입장이다.[6]

결국 실용주의가 강조하는 핵심은 가치의 다원성과 맥락성이다. 자연의 의미는 시와 과학, 우정과 실패, 재난 등의 다양한 경험을 통해 점진적으로 형성된다. 따라서 서로 다른 문화와 관점을 지닌 사람들이 완전히 동일한 '궁극적 원칙'에 도달할 가능성은 높지 않다. 그렇기에 환경윤리는 형이상학적 증명 경쟁을 내려놓고, 경험

---

5 Ibid., pp.337-338 참조.

6 Ibid., p.338 참조.

과 대화, 협상을 통해 자연의 가치를 구체적으로 연결하며 실천으로 옮기는 데 주력해야 한다는 것이 웨스턴의 입장이다.

종합하자면, 웨스턴은 자연을 '원천'으로 보려는 시도 자체는 인정하면서도, 이를 다시 내재적 가치라는 단일한 틀로 환원하려 할 때 오히려 설명력과 설득력이 약화된다고 비판한다. 자연보호의 정당성은 하나의 궁극적 원리를 증명하는 데 있는 것이 아니라, 각 사안의 구체적 맥락 속에서 상충하는 가치들을 비교·조정하며 최선의 대안을 찾는 과정에서 드러난다는 것이다. 이때 실용주의자는 대립자를 단번에 굴복시키는 '일격필살'식 논증보다, 사람들이 이미 공유하고 있는 자연에 대한 긍정적 정서와 공통의 기반을 조금씩 넓혀 가는 설득 방식을 중시한다. 결국 웨스턴에게서 환경윤리의 과제는 단일한 내재적 가치 원칙을 세우는 데 있는 것이 아니라, 가치의 다원성과 맥락성을 인정하면서 경험과 대화, 협상을 통해 자연의 가치를 구체적 실천으로 연결해 가는 데 있다.

2. 실용주의적 환경윤리에 대한 캐츠의 반론[7]

1) 실용주의로의 전환을 거부하는 이유

웨스턴에 따르면 자연의 내재적 가치를 입증하고 정당화하려는

7 캐츠는 라이트와 함께 『환경실용주의』를 편집했으며, 이 책의 서문도 두 사람이 공동으로 썼다. 겉보기에는 두 사람 모두 환경윤리학의 실용주의적 전환에 찬성하는 듯 보이지만, 사실 캐츠는 환경실용주의에 대해 분명히 비판적인 입장을 취하고

시도는 거의 불가능하며, 그 개념에 의존해서는 현실적인 환경윤리를 정립하기 어렵다. 그는 가치의 실재성이나 추상성 여부를 따지는 대신, 가치가 실제 행위나 정책 선택 과정에서 어떻게 작동하는지를 살피는 '실용주의적 관점'을 채택하자고 제안한다.

실용주의적 가치관은 수단·목적, 도구적·내재적이라는 전통적 이원론을 해체하고, 다원적 가치들이 관계망을 이루며 구체적 상황 속에서 함께 기능한다고 본다. 이러한 가치의 관계망을 제대로 파악할 때, 환경윤리는 비로소 진정한 '실천윤리'로 자리 잡을 수 있다는 것이 웨스턴의 입장이다.

하지만 캐츠는 내재적 가치 개념에 대한 웨스턴의 비판에는 공감하면서도 그가 제시하는 해결책, 곧 환경윤리를 실용주의 가치이론 위에 정초하려는 구상은 수용하지 않는다. 캐츠가 이러한 입

있다. 그는 같은 책의 제15장「내재적 가치를 찾아서(Searching for Intrinsic Value)」에서 환경실용주의를 비판하며 반대 입장을 명확히 밝힌다. 이런 차이 때문에 독자들은 '서문에서는 찬성하면서, 본문에서는 반대한다'는 식으로 혼란을 느낄 수 있다. 그러나 이것은 책의 성격을 제대로 이해하지 못한 데서 오는 오해이다.『환경실용주의』는 두 사람이 함께 쓴 공동 저서가 아니라, 여러 학자들의 글을 모아 엮은 공동 편집서이다. 즉, 두 사람은 편집자로서 책의 기획 의도를 설명하는 서문을 함께 쓴 것이지, 모든 장에서 동일한 입장을 공유한 것은 아니다. 서문은 이 책이 다루는 문제의식과 논의의 필요성을 소개하는 역할을 하고, 각 장은 저자 개인의 독립적인 견해를 담고 있다. 서문에서 캐츠와 라이트는 환경실용주의 논의가 등장하게 된 시대적 배경과 그 필요성에는 공감하지만, 환경실용주의를 지지한다는 뜻은 아니다. 그들은 단지 이 논쟁이 왜 필요한가를 제시하는 기획자적 입장을 취한 것이다. 캐츠는 일관되게 환경실용주의를 비판해 왔다. 그는 이론적 근거를 희생하면서 현실적인 해결책만 강조하는 실용주의적 접근은, 환경윤리학의 학문적 정체성을 약화시키고 결국 도덕적 타협으로 이어질 위험이 있다고 지적한다. 따라서 그는 실용주의적 접근의 필요성은 인정하되, 그것이 환경윤리학의 궁극적인 대안이나 목표가 되어서는 안 된다고 본다.

장을 취하는 이유는 환경윤리학이 이미 실용주의적 요소의 대부분을 내포하고 있다고 보기 때문이다.[8] 앞서 언급했듯 웨스턴은 실용주의에서의 가치는 다원적·관계적이며 구체적 상황과 불가분의 것으로 이해한다. 그러나 캐츠는 환경윤리학이 이러한 특성을 오래전부터 반영하여 실천해 왔다고 본다.[9]

그의 관점에서 환경윤리는 애초부터 환경오염, 자원 고갈, 생태계 파괴 등의 현실적 문제에 대응하기 위해 등장한 학문으로, 단지 추상적 이론만 다루는 게 아니라 다양한 가치(생태적, 사회적, 경제적, 미적 가치 등)를 상황에 맞게 고려해 왔다. 이는 실용주의가 주장하는 '다원적·관계적 가치'와 사실상 다르지 않기에, 환경윤리는 원래부터 다양한 가치와 실천을 포함하고 있다는 것이 캐츠의 주장이다.

이와 관련하여 그는 롤스턴과 캘리콧의 사례를 든다. 이 두 학자는 다양한 가치가 생태계의 건전성에 기여한다는 가치 다원성을 인정할 뿐 아니라, 특정 지역·종·생태계의 실제 조건을 분석하여 정책적 결정을 내리는 과정을 중시하였다.[10] 캐츠에 따르면 이러한 논의는 이미 환경윤리가 실용주의적 특징을 공유하고 있음을 보여주며, 그러기에 환경윤리를 실용주의 아래로 포섭하려는 시도는 수용할 수 없다는 것이다.

---

8 Eric Katz, "Searching for Intrinsic Value: Pragmatism and Despair in Environmental Ethics," *Environmental Ethics*, 9, no.3(1987), p.238 참조.

9 Ibid., 참조.

10 Ibid., p.237 참조.

캐츠가 환경윤리의 실용주의로의 전환을 거부하는 두 번째 이유는 '인간의 이해관심'을 둘러싼 양측의 근본적 대립에 있다. 이와 관련하여 캐츠는 "실용주의와 환경윤리학은 가치 결정에서 인간의 이해관심의 역할을 둘러싸고 갈라설 수밖에 없다"[11]라고 잘라 말한다. 캐츠에 따르면 실용주의는 궁극적으로 인간의 욕구와 이해관계에 깊이 묶여 있어서 자칫하면 강한 인간중심주의로 귀결될 위험이 크다. 이러한 특징은 비인간중심적·보편적 환경윤리와 거리가 멀 수밖에 없기에 양자는 서로 어우러질 수가 없다. 결국 캐츠는 환경윤리가 발전하려면, 인간의 욕구에 매이는 실용주의적 해법을 그대로 수용해서는 안 된다는 입장을 고수하고 있다.

캐츠가 실용주의를 거부하는 세 번째 이유는, 실용주의가 자연체험에 대한 인간의 욕구와 자연에 대한 인간의 경험을 중요한 윤리적 토대로 삼고 있기 때문이다. 웨스턴은 가치 판단을 인간의 욕구 및 자연 체험과 결부 짓는다. 그는 사람들이 자연을 접하며 느끼는 경이, 경외, 두려움 등과 같은 감정을 환경윤리의 중요한 출발점으로 보고 있다. 그러나 캐츠는 이러한 접근이야말로 매우 불안정하다고 평가한다. 그에 따르면 "자연 체험에 대한 인간의 욕구와 자연에 대한 인간의 경험은 실용주의적 환경윤리의 토대가 되지만, 이는 틀림없이 위태로운 토대이다."[12]

---

11 Ibid., p.238.

12 Ibid., p.238.

요컨대 캐츠는 내재적 가치 개념에 대한 웨스턴의 비판에는 공감하지만, 환경윤리를 실용주의 가치 이론 위에 다시 세우려는 시도에는 동의하지 않는다. 환경윤리학은 이미 다양한 가치를 맥락 속에서 조정해 왔다는 점에서 충분히 '실용주의적' 요소를 지니고 있을 뿐 아니라, 실용주의는 인간의 이해관심에 깊이 묶여 강한 인간중심주의로 기울 위험이 크기 때문이다. 더 나아가 인간의 욕구와 자연 체험에 윤리의 기초를 두는 접근은 변덕과 취향에 좌우되기 쉬운 불안정한 기반에 지나지 않기에, 환경윤리는 실용주의로의 전환이 아니라, 인간의 욕구를 넘어서는 보다 견고한 규범적 기반을 모색해야 한다는 것이 캐츠의 주장이다.

2) 경험 기반 실용주의 가치론의 한계

캐츠는 인간의 욕구와 경험을 기반으로 한 실용주의적 환경윤리가 갖는 구조적 취약성을 두 가지 핵심 근거를 들어 비판한다.

첫째는 개개인의 욕구나 가치, 경험은 모든 인간에게 공통적이지 않으며, 또 사람들 중에는 자연을 호의적으로 경험하지 않는 경우도 존재하므로 모두가 공유할 수 있는 공통적 토대를 마련하기가 어렵다는 점이다. 이러한 맥락에서 캐츠는 "사람들 가운데 원생자연을 '전혀 신경 쓰지 않는' 사례 등은 실제로 존재하지 않는다거나 '여전히 공통의 토대는 남아 있다'와 같은 웨스턴의 일방적 주장은 공허한 외침일 뿐"[13]이라고 꼬집는다.

두 번째 근거는 도덕적 의무가 특정한 감정 경험과 무관하게 성립하는 것임에도 웨스턴이 이를 무시하고 있다는 점이다. 예를 들어 우리가 불륜이나 거짓말이 잘못임을 깨닫기 위해 직접 그런 행동을 즐겨볼 필요가 없듯, 자연보호의 의무 역시 '자연에 대한 호의적인 경험'을 필수조건으로 삼을 이유가 없다. 캐츠는 웨스턴이 바로 이러한 점을 무시하고 있음을 질타하고 있다.

> 만약 자연보호가 도덕적으로 옳은 일이라면, 그것은 자연과의 교감에서 생기는 경험과는 무관하게 옳다. … 마찬가지로 일부일처제의 결혼을 원치 않는다고 하여 닥치는 대로 저지르는 불륜을 정당화할 수는 없으며, 진실을 말하고 싶지 않다는 이유로 거짓을 말하는 것도 정당화되지 않는다. 도덕적 의무는 그 강제력을 호의적 경험에서 얻는 것이 아니다.[14]

도덕적 옳고 그름은 개인의 기분, 경험, 욕구와 무관하게 성립한다는 주장이다. 곧, 도덕적 의무는 즐거움이나 원치 않음과 같은 주관적 경험에서 정당성을 얻는 게 아니라 그 자체로 지켜야 할 강제력을 지닌다는 것이다.

이어서 캐츠는 환경윤리가 자연과의 교감에서 느껴지는 경험에 기초한다는 주장은 필연적으로 주관적 상대주의를 초래한다고 비판한다.[15] 개인마다 중요하게 여기는 욕구·감정·경험이 다르기에, 예를

---

13 Ibid.

14 Ibid., pp.238-239.

15 Ibid., p.239 참조.

들어 모터보트를 즐기는 사람이 원생림을 훼손하면서도 "그것은 내게 가치가 있다"라고 주장한다면 이를 막을 근거가 약해진다는 것이다.

이에 대해 웨스턴은 '주관주의(subjectivism)'와 '주관중심주의(subject-centrism)'를 구분하며 반박하지만,[16] 가치를 인간 경험과 완전히 분리하기 어려운 이상, 상대주의 문제는 여전히 해소되지 않는다. 결국 캐츠의 주장은 인간의 욕구나 이해관심 또는 경험은 환경보호를 위한 도덕적 의무의 근거가 될 수 없다는 것이다. 만약 환경보호 의무가 인간의 욕구나 경험에 기반한다면, 대체 누구의 욕구와 경험을 도덕적 의무의 기준으로 삼을 것인가 하는 의문이 남는다.

이에 대해 캐츠는 이렇게 단언한다. "환경보호 방침은 그 방침이 설정된 특정 시점의 의사결정자의 '감정'에 의존하게 될 것이다. 자연환경에 관해 끊임없이 변모하는 인간의 감정이 환경윤리를 정립하는 데 있어 확실하거나 신뢰할 만한 '공통의 토대'가 된다고는 도저히 생각할 수 없다."[17] 인간의 욕구나 이해관심, 감정은 환경보

---

16 웨스턴은 '주관주의'와 '주관중심주의'를 구분하면서, 전자는 받아들이지만 후자는 분명히 거부한다. 그가 말하는 주관주의란 어떤 존재의 의미나 가치가 그 존재 안에 고정되어 있는 것이 아니라, 그 존재와 관계를 맺는 주체의 경험과 반응 속에서 형성된다는 관점이다. 예를 들어 우리가 숲을 보고 경외감이나 감동을 느낄 때, 바로 그 감정적 경험을 통해 '이 숲은 소중하다'는 가치 인식이 생긴다는 것이다. 반면 주관중심주의는 가치 판단의 중심을 인간과 같은 특정한 주체에게만 두는 관점이다. 이런 입장에서는 의식이나 이성이 없는 존재 - 예를 들어 식물이나 생태계 전체 - 는 가치의 주체나 대상에서 제외된다. 웨스턴이 주관중심주의를 거부하는 이유는, 이 관점이 인간이나 일부 고등동물만을 가치의 중심에 놓고, 생태계 전체의 상호 연결성과 관계망을 무시하기 때문이다. Ibid., p.239 참조.

호를 촉발하는 우연한 계기일 수는 있어도 지속적이고 신뢰할 만한 도덕적 기반은 되지 못한다는 주장이다.

캐츠가 내리는 결론을 정리하면 이러하다. 실용주의가 제시하는 '인간의 욕구 체계'를 윤리의 기초로 삼는다면, 환경윤리는 소수의 우연한 경험과 감정에 좌우되는 취약한 체계가 되고 만다. 이는 환경윤리의 발전에 심각한 절망을 초래하는 잘못된 접근일 수 있다.[18] 따라서 환경윤리는 내재적 가치 논쟁과 인간 욕구 중심의 실용주의라는 두 극단을 넘어, 인간과 무관하게 자연을 존중할 수 있는 보다 안정된 가치론적 토대를 새롭게 모색해야 한다는 것이 캐츠의 최종 입장이라 할 수 있다.

종합하자면, 웨스턴과 캐츠의 논의는 환경윤리를 실용주의로 전환할 수 있는가 하는 문제로 집약된다. 웨스턴은 내재적 가치의 형이상학적 집착을 벗어나 구체적 경험과 맥락적 조건을 반영하는 방식으로 자연의 가치를 옹호해야 한다고 주장하는 반면, 캐츠는 그러한 전환이 인간의 욕구와 감정에 종속된 불안정한 토대에 불과하다고 비판하며, 환경윤리는 보다 견고한 규범적 기반을 새롭게 모색해야 한다고 본다. 요컨대 이 논쟁은 환경윤리가 실용주의적 경험에 뿌리내릴 것인지, 아니면 인간의 이해관심을 넘어서는 안정된 가치론을 지향할 것인지를 둘러싼 근본적 대립이라 할 수 있다.

---

17 Ibid., p.240.

18 Ibid., pp.240-241 참조.

07

환경윤리의 실용주의로의 전환 논쟁, 어떻게 정리할 수 있을까?

이 장을 열며

7장에서는 환경실용주의를 둘러싼 웨스턴(Anthony Weston)과 캐츠(Eric Katz) 간 논쟁을 종합적으로 정리·분석한다.

웨스턴은 내재적 가치 개념에 대한 집착을 비판하며, 자연 체험에서 비롯되는 경이와 평온, 책임감과 같은 정서를 출발점으로 삼는 맥락 중심의 실용주의적 접근을 제안한다. 그에 따르면 환경윤리는 보편적 원리에 매달리기보다 구체적 맥락 속에서 문제 해결과 설득을 지향해야 한다. 더불어 그는 서로 다른 가치와 이해관계가 충돌하는 현실 속에서 대화와 조정을 통해 실질적인 합의를 모색해야 한다는 점을 강조한다.

반면 캐츠는 환경윤리가 이미 실용주의적 요소를 상당 부분 내포하고 있음을 지적하며, 인간의 욕구와 감정에 의존하는 접근은 불안정하고 상대주의로 흐를 위험이 크다고 비판한다. 그에 따르면 환경윤리는 감정에 흔들리는 불안정한 토대 위에 놓여서는 안 되며, 인간과 무관하게 자연을 존중할 수 있는 보다 보편적이고 견고한 가치 기반 위에 세워져야 한다. 더불어 그는 인간 이외의 존재를 도덕적 고려의 범주에 포함할 수 있는 안정된 규범 구조가 필요하다고 본다.

양자의 주장을 비교·검토한 결과, 웨스턴의 접근은 현실적 조율과 사회적 공감대 형성에 유용하지만 장기적·보편적 정당성을 확보하는 데는 한계가 있다. 반면 캐츠의 비판은 환경윤리의 철학적 완성도를 높이고 인간 이외의 존재까지 포괄하는 안정된 가치 기반 마련에 기여할 수 있음을 보여주고 있다.

---

1. 환경윤리와 실용주의: 웨스턴의 전환 제안과 캐츠의 비판

이 절에서는 "자연을 왜, 어떻게 지켜야 하는가?"라는 물음을 두고 환경윤리와 실용주의가 만나는 지점을 살펴본다. 이를 위해 먼저 자연을 둘러싼 철학적 논쟁을 보다 현실적이고 실용적인 방향으로 전환하자고 제안하는 웨스턴의 생각을 정리하고, 이어서 그러한 전환에 비판적인 캐츠의 입장을 함께 검토해 보려 한다.

웨스턴은 기존의 환경윤리 담론에서 '내재적 가치' 개념에 지나치게 의존하는 태도를 비판하며, 환경윤리를 실용주의적 방향으로 전환해야 한다고 주장한다. 많은 학자들이 자연을 보호해야 하는 근거로 내재적 가치를 철학적으로 입증하려 하지만, 웨스턴은 그러한 시도가 굳이 필요하지 않다고 본다.

그에 따르면 사람들은 이미 자연 속에서 경이로움, 기쁨, 안식,

책임감 등 다양한 감정을 경험하고 있고, 이러한 체험이야말로 자연의 가치를 정당화하는 가장 강력한 근거가 된다. 뮤어나 소로, 레오폴드처럼 자연과 깊이 교감한 인물들의 삶이나, 우리가 일상적으로 즐기는 등산과 캠핑 같은 경험은 굳이 특별한 논증을 거치지 않더라도 자연의 가치를 충분히 느끼고 확인할 수 있음을 잘 보여준다.

문학과 예술 역시 이런 경험을 더욱 강화하는 역할을 한다. 워즈워스의 시나 소로의 『월든』 같은 작품은 논리적 증명보다 생생한 묘사와 이미지로 자연의 가치를 잘 드러내 주며, 이러한 표현이 철학적 담론보다 훨씬 더 설득력 있게 다가온다고 웨스턴은 주장한다.

그는 또한 롤스턴의 내재적 가치론에도 비판적 시각을 보인다. 롤스턴은 숲과 동물이 단순한 자원이 아니라 그 자체로 숭고하고 초월적 가치를 지닌 원천이라고 설명하지만, 웨스턴은 모든 가치를 내재적 가치라는 하나의 틀에 가두려는 시도가 오히려 설명력과 설득력을 약화시킨다고 지적한다. 자연을 자원이 아닌 가치의 원천으로 이해하려는 시도 자체는 의미가 있으나, 그것을 다시 내재적 가치 개념에 억지로 끼워 맞추려는 순간 한계를 드러낸다는 것이다.

웨스턴이 제안하는 실용주의적 환경윤리는 자연보호의 필요성을 추상적 원칙이 아니라 구체적인 맥락과 상황 속에서 설명하는 접근방식이다. 예를 들어 "제주의 곶자왈을 지켜야 한다"라는 주장을 할 때, 그곳이 한반도에서 유일하게 열대·온대·한대 식생이 공존하는 드문 생태계를 보존하고 있다는 점, 또 무분별한 관광 개발과 골프장·리조트 건설 압력이 크지만, 지역 경제를 살릴 수 있는 다른 대안적 개발 방안이 충분히 존재한다는 사실을 제시하는 편이 훨씬 더 효과적이라는 것이다. 즉, 웨스턴은 하나의 '내재적 가치' 개념을 내세우기보다 각 상황에서 충돌하는 여러 가치들을 비교·조정하며 현실적인 대안을 찾는 태도를 강조한다.

또한 그는 상대방을 설득할 때 단번에 굴복시키는 논증을 경계한다. 어떤 사람은 자연보호에 무관심하거나 개발을 우선시할 수 있지만, 대부분은 자연의 아름다움이나 안정감, 휴식의 가치를 어느 정도 인정한다. 웨스턴은 이러한 공통된 감정과 인식의 기반을 확장해 나가며 합의를 이끌어야 한다고 말한다. 예를 들어 계곡에서 불법 취사를 하는 사람일지라도 울창한 숲의 아름다움이나 시원한 계곡물의 즐거움을 느끼지 않을 수 없을 것이다. 바로 이러한 경험을 토대로 실질적 대안을 논의한다면, 서로 다른 이해관계를 조정하고 현실적인 타협점을 찾는 일이 한층 수월해진다는 것이다.

결국 웨스턴이 강조하는 핵심은 가치의 다원성과 맥락성이다. 자연의 의미는 시와 과학, 우정이나 실패, 재난 같은 다양한 경험 속에서 조금씩 형성되며, 서로 다른 문화와 관점이 하나의 '궁극적 원칙'에 도달할 가능성은 거의 없다. 따라서 환경윤리는 추상적인 형이상학적 논쟁에 매달리기보다, 경험을 공유하고 대화와 협상을 통해 자연의 가치를 드러내며 이를 실제 행동으로 연결하는 데 집중해야 한다는 것이 웨스턴의 결론이다.

다음은 캐츠의 주장이다.

캐츠는 웨스턴과 마찬가지로 자연의 내재적 가치를 철학적으로 입증하기 어렵다는 점에는 동의하지만, 웨스턴이 제안하는 실용주의적 전환에 대해선 명확히 반대한다. 그 이유는 크게 세 가지이다.

첫 번째는 환경윤리학이 이미 오래전부터 실용주의적 성격을 지니고 있다는 점이다. 환경윤리는 본래 환경오염, 자원 고갈, 생태계 파괴와 같은 현실적 문제를 다루기 위해 등장했으며, 그 과정에서 생태적·사회적·경제적·미적 가치들을 상황에 맞게 함께 고려해 왔다. 이는 곧 웨스턴이 말하는 '다원적이고 맥락적인 가치 이해'와 크게 다르지 않다. 실제로 롤스턴이나 캘리콧 같은 학자들도 이미 다양한 가치를 인정하면서 지역과 종, 생태계의 구체적 조건을 바탕으로 정책 결정을 강조해 왔다. 따라서 굳이 환경윤리를 새롭게 '실용주의적 틀'로 재구성할 필요는 없다는 것이 캐츠의 주장이다.

두 번째는 실용주의가 지닌 인간 중심적 경향이다. 캐츠는 실용주의가 결국 인간의 욕구와 이해관계에 지나치게 얽혀 있어, 자칫하면 강한 인간중심주의로 흐를 위험이 크다고 본다. 환경윤리는 인간의 이해관심에 얽매이지 않고 비인간 중심적·보편적 관점을 지향해야 하는데, 실용주의적 접근은 이런 방향과 충돌할 수밖에 없다는 것이다. 따라서 환경윤리를 실용주의에 그대로 종속시키는 것은 오히려 그 본래의 취지를 훼손한다고 지적한다.

세 번째는 실용주의가 자연 체험이나 정서적 반응을 윤리의 정당화 근거로 삼고 있는 점이다. 캐츠는 웨스턴이 강조하는 '자연 체험에서 느끼는 감정'이 매우 불안정한 토대라고 비판한다. 사람마다 자연을 경험하는 방식이 다르고, 심지어 자연을 전혀 중요하게 여기지 않는 사람도 존재할 수 있다. 그렇다면 이러한 주관적 경험을 환경윤리의 공통 기반으로 삼을 수는 없다는 것이다. 또한 도덕적 의무는 특정한 감정을 전제로 하지 않는다. 예를 들어, 불륜이나 거짓말이 잘못이라는 사실을 깨닫기 위해 직접 그런 행동을 해볼 필요가 없는 것처럼, 자연보호의 의무 역시 반드시 긍정적인 자연 체험을 거쳐야만 정당화되는 것은 아니다.

따라서 웨스턴처럼 자연 체험에 기초한 윤리관은 자칫하면 주관적 상대주의에 빠질 위험이 크다. 예를 들어 어떤 사람이 스쿠버다이빙을 하다가 산호초를 훼손했지만 "이것이 나에게는 의미 있고 가치 있는 행동이다"라고 주장하면, 이를 막을 객관적 근거가 부족해지는 문제가 생긴다.

이러한 이유로 캐츠는 환경보호의 도덕적 근거를 인간의 욕구나 경험에 두어서는 안 된다고 결론짓는다. 인간의 감정은 변덕스럽고 개인차가 크기 때문에, 신뢰할 만한 보편적 근거가 될 수 없다는 것이다. 따라서 환경윤리는 내재적 가치 논쟁의 한계와 인간 욕구 중심적 실용주의의 위험을 모두 넘어서야 한다. 이러한 시각에서 캐츠는 인간과 무관하게 자연을 존중할 수 있는 보다 안정적이고 보편적인 가치론적 토대를 새롭게 마련해야 한다고 주장한다.

2. 웨스턴과 캐츠: 무엇이 같고 무엇이 다른가

이제 웨스턴과 캐츠의 생각을 나란히 놓고 보면, 환경윤리를 어디에서 출발시켜야 하는지, 또 인간과 자연의 관계를 어떻게 그려야 하는지를 두고 중요한 차이가 드러난다. 이 절에서는 두 사람의 논의를 세 가지 쟁점-가치의 근거, 인간중심성, 실천적 설득력-을 중심으로 비교하면서 그 의미를 차분히 정리해 보려 한다.

첫째는 가치를 정당화하는 방식의 차이이다.

웨스턴은 자연의 내재적 가치를 철학적으로 입증하려는 시도는 불가능하거나 불필요하다고 보고, 대신 우리가 자연 체험을 통해 느끼는 경이감, 평온함, 책임감 등의 감정에서 윤리의 출발점을 찾아야 한다고 주장한다. 반면 캐츠는 윤리는 본질적으로 감정이나 경험에 의존하지 않는다고 본다. 감정이나 경험은 개인마다 다르기 때문에, 그것을 바탕으로 한 윤리관은 쉽게 상대주의로 흐를 수 있다는 것이다.

그에 따르면 감정이나 경험이 윤리 형성에 영향을 주는 것은 사실이지만, 그것만으로 모든 사람에게 설득력 있는 윤리 체계를 구축하기는 어렵다. 필자의 판단으로도 웨스턴이 말하는 '경험과 정서에 기반한 윤리'가 타인을 설득하는 데는 효과적일 수 있다. 그러나 이러한 감정적 접근을 윤리를 정당화하는 근본원리로 삼기에는 불안정하다는 캐츠의 비판은 상당히 타당해 보인다.

둘째는 인간 중심성 문제이다.

웨스턴의 실용주의적 접근은 인간의 욕구나 감정을 출발점으로 삼기에 인간 중심적 가치 판단 구조를 강화할 위험이 있다. 그는 '주관주의'는 수용하지만 '주관중심주의'는 거부한다고 말한다. 그러나 실제로는 가치의 근거를 인간의 경험에서 찾는다는 점에서 인간 중심성을 완전히 배제하기는 어렵다.

캐츠는 바로 이 지점에서 실용주의를 비판한다. 그는 윤리란 인간의 욕구나 감정과 무관하게 기능할 수 있어야 하며, 자연 또한 인간과 관계없이 도덕적 고려의 대상이 되어야 한다고 본다. 그에 따르면 실용주의는 인간의 경험과 감정에 지나치게 의존하기 때문에, 비인간 존재를 도덕적 세계에 포함하기 어려운 구조적 한계를 지닌다.

필자가 보기에 환경윤리가 생명공동체 전체, 즉 생태계의 포괄성과 지속가능성을 고려해야 한다면, 인간의 경험에만 의존하는 윤리는 그 한계를 피하기 어렵다. 이런 점에서 캐츠의 비판은 비인간중심주의 환경윤리를 정립하는 데 중요한 철학적 기초를 제공한다고 볼 수 있다.

셋째는 환경윤리의 실천성과 설득력 문제이다.

웨스턴은 환경윤리를 추상적 형이상학이 아닌 현실적 실천의 영역으로 끌어와야 한다고 주장한다. 그는 단일한 보편적 원칙보다 구체적 상황과 맥락에 따른 윤리적 판단, 그리고 다양한 이해관계자들과의 대화와 공감대 형성을 중시한다.

반면, 캐츠는 실용주의적 설득이 감정과 경험에 좌우되기 때문에 오히려 정책적 일관성과 윤리의 안정성을 해칠 수 있다고 우려한다. 감정은 변화무쌍하고 자연에 무관심하거나 심지어 적대적인 사람들도 존재하므로, 이들의 감정에 기반하여 환경윤리를 설득하는 방식은 실효성이 낮다는 것이다.

필자가 보기에도 웨스턴의 실용주의는 현실적인 정책 설계나 시민 참여를 촉진하는 데 매우 효과적인 접근으로 여겨진다. 사람들의 공감과 참여를 이끌어내는 데 유용하며, 환경윤리를 일상의 언어로 풀어낸다는 점에서 큰 장점이 있기 때문이다. 그러나 동시에 그 윤리적 기반이 지속성과 강제력, 규범적 구속력을 확보하기 어렵다는 한계 역시 분명 존재한다. 그러기에 캐츠가 지적하듯, 환경윤리가 일정 수준의 철학적 엄밀성, 보편적 정당화, 원칙의 안전성을 갖추어야 한다는 요구를 간과해서는 안 된다고 본다.

웨스턴과 캐츠의 논쟁은 환경윤리가 직면한 실천적 설득력과 철학적 안정성 사이의 긴장을 잘 보여주고 있다. 웨스턴의 관심이 "어떻게 하면 사람들을 설득하고 행동으로 이끌 것인가"에 있다면, 캐츠의 관심은 "환경윤리를 어떤 가치 기반 위에 안정적으로 정초할 것인가"에 있다. 따라서 두 입장은 서로 배타적이라기보다 환경윤리가 현실 속에서 설득력을 가지면서도 철학적으로 견고한 토대를 갖추기 위해 상호 보완적으로 이해할 필요가 있어 보인다.

단기적으로 실천 가능한 환경보호 정책과 윤리를 설계하고, 시민 참여를 유도하여 사회적 공감대를 형성하는 데는 웨스턴의 실용주의적 접근이 매우 유용할 수 있다. 특히 다양한 이해관계가 충돌하는 현대사회에서는 상황과 맥락을 중시하는 실용주의가 현실적인 조율의 틀을 제공한다는 점에서 매력을 갖는다.

그러나 장기적이고 철학적으로 정당화할 수 있는 환경윤리, 즉 '보편적 윤리로서의 환경윤리'를 구축하는 데는 웨스턴의 감정 기반 접근이 뚜렷한 한계를 보인다. 이러한 측면에서 캐츠의 비판은 환경윤리가 보다 안정적이고 보편적인 가치 기반을 갖추는 데 중요한 시사점을 준다. 그는 인간의 감정이나 욕구에만 의존하지 않고, 비인간 존재 또한 도덕적 고려의 대상으로 포함시켜야 한다는 점을 강조한다.

정리하자면 웨스턴은 환경윤리를 현실 속에서 더 실천적으로 만들려는 '현실주의자'이고, 캐츠는 인간 중심의 한계를 넘어서 환경윤리의 객관적 토대를 찾으려는 '철학적 엄밀주의자'라고 평가할 수 있다. 두 사람의 입장은 대립적인 면이 있지만, 환경윤리를 '설득력 있는 실천윤리'이자 동시에 '보편적 윤리'로 발전시키기 위해 서로를 보완할 수 있는 가능성을 보여주고 있다.

08

환경윤리학은 왜 메타윤리학에서 공공철학으로 전환되어야 할까?

이 장을 열며

8장에서는 라이트(Andrew Light)가 제안하는 환경실용주의의 핵심 구상에 대해 다룬다.

라이트는 환경실용주의 분야에서 선도적인 이론가로 1992년 '환경실용주의(environmental pragmatism)'라는 용어를 최초로 제안했으며, 이후 이 철학의 이론적 정립과 체계화에 중대한 기여를 해왔다. 그는 학문적 담론을 넘어 환경정책의 수립과 실행 과정에도 적극 참여함으로써, 이론과 실천 간의 간극을 연결하는 데 큰 역할을 담당하였다.

라이트는 전통적 환경윤리학이 비인간중심주의와 내재적 가치론에 집착한 나머지, 실제 환경문제 해결과 정책 형성에 거의 기여하지 못했다고 진단한다. 그는 이러한 한계를 극복하기 위해 환경윤리를 '메타윤리학에서 공공철학으로' 전환할 것을 제안하며, 학문적 정합성보다 실질적 효과성과 도덕적 동기 부여를 핵심 과제로 삼아야 한다고 강조한다.

이를 위해 그는 인간 중심적 접근을 포함한 다양한 학제 간 협력과 현실적 정책 개입을 중시하며, 구체적 사례로 '도시 환경윤리'를 제시한다. 라이트의 환경실용주의는 추상적 가치 논의에 머무르지 않고, 시민의 태도와 행동 변화를 통해 지속 가능한 사회를 구현하는 실천적 철학으로서의 환경윤리를 지향한다.

---

1. 환경윤리학의 이론적 교조주의

환경윤리학이 형성된 지 약 30년이 지난 1990년대 중반, 학문 내부에서는 자성의 목소리가 일기 시작했다. 예를 들면 "환경윤리학은 단순한 이상론에 불과한 것이 아닌가?", "보다 실천적이고 유용한 이론이 필요하지 않은가?", "환경윤리학이 환경파시즘으로 흐를 위험은 없는가?", "인간중심주의에 대한 비판은 궁극적으로 어디를 지향하는가?", "인간이 배제된 자연의 내재적 가치는 과연 존재할 수 있는가?", "자연의 가치는 일원적인가?"와 같은 여러 가지 물음이 제기되었다.

이러한 문제의식은 환경윤리학의 기존 논의에 대한 불만에서 비롯된 것으로, 이를 가장 잘 들여다볼 수 있는 것은 라이트와 캐츠가 함께 편찬한 『환경실용주의』[1]의 서문이다. 여기서 그들은 이렇게 진단한다.

---

1 Andrew Light & Eric Katz, "Introduction: Environmental Thought and Classical American Philosophy," in Andrew Light & Eric Katz, eds., *Environmental*

> 환경윤리학이 출범한 지 30년이 다 되어가고 있는 현재, 이 학문은 심각한 문제에 직면해 있다. 한편으로 환경윤리학은 인간과 자연 간의 도덕적 관계를 분석하는 데 있어 큰 진전을 이뤄냈다. … 그러나 다른 한편으로 이 학문이 환경정책 형성에 어떠한 실질적인 영향을 끼쳤는지는 간파하기 어렵다. 환경철학자들 내부에서의 논쟁은 과연 흥미롭고, 자극적이며, 공을 많이 들이긴 했지만, 정작 환경과학자나 활동가, 정책 입안자들의 의사결정에는 어떠한 현실적인 영향도 끼치지 못하였다. 환경윤리학 내부의 여러 개념들은 보아하니 생기가 없다. 요컨대 그것들은 흄의 『인간본성론』처럼 인쇄기에서 사산하고 있는 실정이다.[2]

위의 주장을 간추리면 이러하다. 환경윤리학은 탄생 이래 인간과 자연 간의 도덕적 관계를 탐구하며 일정한 학문적 발전을 이루어 왔다. 그러나 이러한 성과에도 불구하고 환경윤리학이 환경정책이나 사회적 실천에는 거의 기여하지 못했으며, 철학자들 사이의 논쟁 또한 흥미롭고 정교했지만 현실적 문제 해결과는 유의미한 접점을 형성하지 못했다. 그 결과 환경윤리학의 일부 개념은 책 속에만 머문 채 실제로 적용되지 못하는 이른바 '사산' 상태에 놓이게 되었다.

그렇다면 왜 환경윤리학은 문제 해결이나 정책 형성에 거의 기여하지 못한 것일까? 이 물음에 대해 라이트는 다음과 같은 답변을 제시하고 있다.

Pragmatism(New York: Routledge, 1996), pp.1-3 참조.

2 Ibid., p.1.

> 아마도 한 가지 이유는 방법론적·이론적 교조주의, 즉 독단적 태도에 있다. 주류 환경윤리학에서는 … 다음과 같은 암묵적 합의가 자리 잡고 있었다. … 요컨대 적절하고 타당한 환경윤리학이 되려면 비인간중심주의, 전체주의 그리고 도덕적 일원론을 받아들여야 하며, 게다가 모종의 내재적 가치를 인정해야 한다는 것이다.[3]

위 주장을 해석해 보면 이렇다. 환경윤리학은 오랫동안 'A인가 B인가?' 하는 양자택일식 문제를 설정해 놓고, 그중 어느 한쪽을 선택한다는 틀에 호소해 왔다. 예를 들어, "인간중심주의인가, 비인간중심주의인가?", "보호해야 할 대상은 개별 생명체인가, 생태계 전체인가?", "자연은 인간의 이해관계에 따라 부여된 도구적 가치만을 갖는가, 아니면 그 자체로 고유한 가치를 갖는가?", "환경윤리는 복수의 가치와 원리를 수용해야 하는가, 아니면 단일한 윤리 원칙에 근거해야 하는가?"와 같은 이항 대립식 논의가 지속되어 왔다는 것이다.

이러한 논의가 누적되면서 환경윤리학 내부에서는 일정한 학문적 합의가 형성되었다. 즉, 비인간중심주의, 전체주의, 내재적 가치의 인정, 도덕적 일원론을 이론적 전제로 삼는 것이 '타당한 환경윤리학'이라는 암묵적 합의가 자리 잡은 것이다.

하지만 라이트는 이러한 이론적 합의에 대해 이의를 제기한다.

---

3 Ibid., p.2.

그는 환경윤리가 이항 대립식 논쟁에 과도하게 몰두함으로써 현실의 환경문제나 정책적 실천과는 점점 괴리되었으며, 실제 현장에서의 문제 해결을 위한 대응력 또한 상실하게 되었다고 비판한다. 더 나아가 그는 주류 환경윤리학은 다양한 대안적 시도나 새로운 이론적 접근을 수용하지 않고, 하나의 통일된 이론적 관점을 독단적으로 교조화함으로써 학문 내부의 이론적 다양성과 외부 사회에 대한 실천적 영향력을 동시에 저해했다는 비판을 제기한다.

라이트에 따르면, 이러한 교조주의적 태도야말로 환경윤리를 정책 형성에 기여하지 못하게 만들고, 결과적으로 학문적 발전마저 정체시킨 주된 원인이다. 이에 따라 라이트는 앞으로 환경윤리학은 이론적 정합성뿐만 아니라 환경정책에 대한 실질적인 영향력 확보를 중요한 목표로 삼아야 함을 강조한다. 그는 이러한 방향 전환을 이른바 '환경실용주의'라고 명명하며, 보다 실천적이고 융통성 있는 환경윤리의 재정립을 촉구하고 있다.

2. 메타윤리학에서 공공철학으로: 라이트의 환경실용주의

1) 기존 환경윤리학의 한계

이제 라이트의 「현대 환경윤리학: 메타윤리학에서 공공철학으로」[4]라는 글을 중심 텍스트로 삼아 그가 제시하는 환경실용주의의

4 Andrew Light, "Contemporary Environmental Ethics: From Metaethics to Public Philosophy," *Metaphilosophy*, vol.33, no.4(July 2002), pp.426-449 참조.

구체적 내용을 들여다보기로 한다.

라이트는 글의 서두에서 1970년대 초반 이후 환경윤리학이 비인간중심주의와 자연의 내재적 가치에 과도하게 집착해 왔음을 비판한다. 더불어 그는 이러한 경향이 환경윤리학을 응용철학의 한 분야로서 성공을 거두지 못하게 만든 주요 원인이라고 진단한다. 그에 따르면, 자연이 그 자체만으로 도덕적 가치를 지닌 존재임을 철학적으로 정당화하려는 목표 자체는 의미 있는 시도이지만, 그 과정에서 두 가지의 부정적 결과가 초래되었다.

하나는 환경보호를 인간의 이익이라는 관점에서 정당화할 수 있는 다양한 논의들이 오히려 배제되어 버린 점이고, 다른 하나는 지나치게 추상적 이론에 치중한 나머지 환경윤리학은 사람들로 하여금 환경윤리의 주장을 더 설득력 있게 받아들일 수 있도록 도덕적 동기를 부여하는 데 실패한 점이다.[5]

그 결과 환경윤리학은 다음과 같은 세 가지 측면에서 한계를 드러내게 되었다.

첫 번째는 환경보호의 핵심 주체인 인간을 자연의 도덕적 가치에 관한 논의에서 배제함으로써 인간 중심의 실천적 관점을 소홀히 하였다.

두 번째는 환경문제 해결을 위한 타 학문 분야 전문가들(환경사회학자, 환경법학자 등)과의 학제 간 협력에 기여하지 못함으로써 이

5 Ibid., p.427 참조.

론의 적용 가능성을 제한하였다.[6]

세 번째는 대중에 대한 윤리적 설득력과 호소력을 확보하지 못함으로써, 더 나은 환경정책 형성이나 사회적 지지를 이끌어내는 데 실패했다.

이러한 한계는 곧 환경윤리학이 환경문제 해결을 위한 공공적이고 실질적인 철학으로서의 제 역할을 다하지 못했다는 사실을 보여주고 있다.[7]

2) 공공철학으로의 전환

기존 환경윤리학의 한계를 지적한 라이트는 이러한 한계를 넘어서려면, 환경윤리가 이제 '책임감 있는 환경윤리'로 전환되어야 한다고 주장한다. 여기서 '책임감 있는 환경윤리'란 인간중심주의에 대한 전면적 거부나 자연의 내재적 가치에 관한 끝없는 논쟁에서 벗어나 '공공철학'으로 거듭나는 환경윤리를 의미한다. 다시 말해, 환경윤리학은 학문 내부에만 머무는 폐쇄성을 극복하고, 사회적·정책적 차원에서 실질적 기여를 할 수 있는 방향으로 나아가야 한다는 것이다.

이를 위해선 환경윤리학자들 스스로도 자신의 연구가 어떻게 정책 형성이나 현실적 문제 해결에 활용될 수 있는지 진지하게 고민

6 Ibid., 참조.

7 Ibid., p.436 참조.

해야 한다. 라이트는 이 점을 강조하면서 "의료윤리학자들이 의료 현장에서 영향력을 행사해 왔듯이, 환경윤리학자들도 환경 분야에서 유사한 영향력을 발휘할 수 있다는 희망을 가져야 한다"[8]라고 말한다. 그의 이러한 언급은, 오늘날 환경윤리의 위기는 단순히 철학적 정합성을 확보하는 방식으로는 해결할 수 없고, 오히려 실용주의적 효과를 증진하는 방향으로 접근해야 한다는 인식에 기반하고 있다.[9]

라이트는 이어서 환경윤리학이 공공철학으로서 사회에 실질적인 영향력을 발휘하려면 환경보호에 대한 인간 중심적 이유를 무조건 거부하는 태도를 재고해야 한다고 주장한다. 그는 이를 뒷받침하기 위해 두 가지 근거를 대고 있다.

하나는 대부분의 환경전문가들이 자연의 가치를 추상적 개념으로 규정하기보다 인간의 삶과 공동체라는 맥락 속에서 이해하고 정의한다는 점이다. 예를 들어 환경사회학자나 환경보건학자들은 환경을 그 자체로 고립된 대상이 아니라 인간공동체의 일부로서 바라본다. 그렇다고 하여 이들이 자연의 가치를 조잡한 도구적 자원으로 환원하는 것은 아니다. 대신에 이들은 인간의 맥락을 벗어난 자연 개념은 자연에 대한 인위적 영향을 이해하고 개선하려는 실천적 접근을 방해할 수 있다는 점을 인식하고 있다. 만약 환경윤

8 Ibid., pp.435-436.

9 Ibid., p.435 참조.

리학이 이러한 현실을 외면하고 탈인간중심주의 논의에만 매달린다면, 다른 학문 분야와의 협력은 어려워지고, 결국 문제 해결보다는 공허하고 진부한 이론만을 되풀이할 위험이 크다.

다른 하나는 환경문제에 대한 인간 중심적 접근이 이미 사회적으로 널리 수용되고 있고, 경험적으로도 충분히 입증 가능하다는 사실이다. 그 근거로 라이트는 미국에서 진행된 여러 연구 사례들을 제시한다. 해당 연구들에서는 응답자 다수가 환경보호의 가장 큰 이유로 '미래세대를 위해서'라는 점을 꼽았는데, 이는 환경윤리의 정당성이 인간 중심적 동기에서 비롯될 수 있음을 잘 보여주고 있다.[10]

이상의 내용을 종합하면 라이트의 입장은 이렇게 정리할 수 있다. 환경윤리학은 오랫동안 자연의 가치 이론을 정립하는 데 집중해 온 결과, 응용철학의 한 분야로서 성공을 거두지 못했다. 이러한 한계를 딛고 환경윤리학이 사회적 실천에 기여하는 학문으로 성공을 거두려면, 공공철학으로의 전환이 요구된다. 환경윤리학이 공공철학으로서 기능하기 위해선 타 학문 분야와의 학제적 협력을 적극적으로 모색해야 한다. 동시에 자연의 가치에 관한 추상적·형이상학적 논의에서 벗어나 환경사회학, 환경법학, 환경정책학 등과 같이 인간 중심적 관점에서 환경문제를 다루는 실천적 접근을 수용해야 한다는 것이 그의 견해이다.

10 Ibid., pp.444-445 참조.

이러한 시각에서 라이트는 오늘날의 시급한 환경문제 해결을 위해선 자연에 관한 가치 이론을 정교화하는 작업보다도, 사람들로 하여금 자연을 보호하도록 도덕적 동기를 부여하는 쪽이 더 중요하다고 본다. 그는 이를 환경윤리학의 '공적 임무'라고 규정한다.

그에 따르면 환경윤리학에는 두 가지 임무가 있다. 하나는 전통적 임무로서, 이는 환경윤리학이 이제까지 행해왔던 일로 환경의 다양한 가치를 철학적으로 정당화하고 더 정교한 이론적 기반을 구축하는 것이 목표이다. 다른 하나는 공적 임무로서, 환경보호를 위한 공공정책의 형성과 실행에 기여하고자 한다. 이 임무는 다양한 입장을 가진 시민들과의 토론과 합의 형성을 통해 실질적인 행동 변화를 유도하는 것을 목표로 삼는다.

이러한 입장을 라이트는 다음과 같이 정리한다.

> 환경실용주의의 주요 과제는 환경윤리학의 메타윤리학적, 형이상학적 논쟁에 다시 합류하는 것이 아니다. 오히려 '사람들의 태도, 행동 및 정책적 선호도를 장기적인 환경의 지속가능성을 더욱 지지하는 방향으로 바꿀 수 있도록, 도덕적으로 동기를 부여할 수 있는 것은 무엇인가?'라는 질문을 환경철학자들에게 상기시키는 데 있다.[11]

결국 라이트의 핵심 주장은 환경윤리학의 중심 과제를 기존의

11 Ibid., p.446.

‘가치 이론의 구축’에서 ‘도덕적 동기 부여의 탐구’로 전환해야 한다는 점이고, 그는 이러한 방향 전환을 ‘메타윤리학에서 공공철학으로의 전환’이라 부르고 있는 것이다.

이상에서 살펴봤듯, 라이트의 환경실용주의는 환경윤리학의 패러다임을 ‘메타윤리학에서 공공철학으로’ 전환할 것을 주장하는 이론으로 이해할 수 있다. 곧, 환경실용주의는 환경윤리학이 추상적 이론에 머물지 않고 현실 문제 해결에 직접 개입하는 실천적 공공철학으로 나아가는 것을 지향하고 있는 셈이다. 이는 종전의 환경윤리학이 인간중심주의를 비판하고 자연의 내재적 가치를 강조하는 데 치중해 왔음에도 불구하고, 실제적인 환경문제 해결이나 정책 형성에는 거의 기여하지 못했다는 반성적 성찰에 근거한다.

여기서 주목할 점은 라이트가 환경윤리학의 방향 전환을 단순히 이론적으로 제안하는 데 그치지 않고, 실천적 공공철학의 구체적 적용 사례로서 ‘도시 환경윤리’를 전개하고 있다는 점이다. 그는 도시환경이라는 현실적 맥락 속에서 시민들이 지속 가능한 환경을 지향하도록 태도와 행동을 변화시키는 데 환경윤리학이 실질적으로 기여할 수 있어야 한다고 본다. 이러한 시도는 환경윤리학이 단순한 가치 이론을 넘어서, 현실의 환경문제에 개입하고 사회적 변화를 이끌어내는 공적 철학으로 기능할 수 있는 가능성을 보여준다.

09 도시는 환경의 적일까, 새로운 가능성일까?

이 장을 열며

9장에서는 라이트(Andrew Light)가 제안하는 '도시 환경윤리'를 중심으로, 전통적으로 야생 보존에 치우쳐 온 환경윤리학의 시야를 도시로 확장하려는 시도를 살펴본다.

라이트는 기존 환경윤리가 도시를 환경 담론에서 주변부로 밀어냈으며, 자연과 문화를 지나치게 이분법적으로 바라보았다고 비판한다. 그는 도시에 대해서도 지속가능성과 환경 책임을 실현할 수 있는 중요한 공간으로 평가한다. 특히 도심 속에서의 자연 체험, 에너지 효율적인 도시 운영, 지속 가능한 도시 환경의 사회적 가치 등을 고려할 때, 도시는 환경윤리의 정당한 대상으로 충분히 포함될 수 있다고 주장한다.

또한 라이트는 시민들이 생태복원 프로젝트에 자발적으로 참여하도록 함으로써 '생태시민성'을 함양해야 한다고 말한다. 나아가 그는 공화주의적 전통에 의거하여 시민들 간의 의미 있는 교류와 공동체적 책임이 가능하도록 도시 구조를 설계하는 것이 중요하다고 강조한다.

이를 토대로 라이트는 도시, 참여, 공화주의를 핵심 축으로 한 새로운 환경윤리 모델을 제안한다.

사실 '도시 환경윤리'라는 개념은 일반적인 환경윤리 담론에서는 생소하게 들릴 수 있다. 이는 전통적으로 환경윤리학에서 찬사를 받아 온 것은 원생자연(wilderness)인 반면, 도시는 무시되거나 부정적인 이미지로 묘사돼 왔기 때문이다. 라이트 역시 도시는 대체로 환경적 가치를 훼손하는 원인으로 간주되어 기피 대상으로 지목되거나, 자연의 일부가 아닌 인공물로서 인간 의도의 산물로 여겨져 학문의 경계를 벗어난 것으로 무시당해 왔음을 지적하고 있다.[1]

하지만 라이트는 환경실용주의 차원에서 그동안 무시되어 온 도시 환경에 주목함으로써 새로운 형태의 환경윤리, 곧 '도시 환경윤리'를 제안하고 있다. 이는 기존의 환경윤리학이 주로 자연보존과 야생의 가치를 중심으로 구성되어 있었던 것과는 구별되는 아주 참신한 논의로 평가할 수 있다. 여기서는 라이트가 제시한 도시 환경윤리의 핵심 개념을 중심으로 그 실체를 살펴보도록 한다.

---

1. 환경윤리와 도시: 반도시적 편견을 넘어

라이트에 따르면 그동안 환경윤리학은 도시환경의 규범적 성격

1 Andrew Light, "The Urban Blind Spot in Environmental Ethics," *Environmental Politics*, vol.10, no.1(2001), p.8 참조.

은 물론 도시환경 문제 전반에 대해 대체로 침묵하거나 무관심한 태도를 보여왔다. 심지어 일부 학자는 인간이 만든 문화경관에서 가치를 발견할 가능성 그 자체에 대해 노골적으로 적대적 입장을 견지하였다. 라이트는 이러한 태도의 근원적 원인을 비인간중심주의에서 찾는다. 환경윤리학이 비인간중심주의를 수용한다는 것은 곧 인간 중심적 가치관을 거부하는 것이며, 이는 결과적으로 인위적으로 조성된 경관에 대한 거부로 이어지게 된다는 것이다.[2]

라이트는 이러한 관점에 기반하여 환경윤리학자들이 인간중심주의를 거부해 온 사실과 도시 문제에 대해 침묵해 온 경향 사이에는 긴밀한 연관성이 있다고 주장한다. 많은 환경윤리학자들은 자연의 비인간 중심적 가치 규명을 주된 탐구 목표로 삼아왔고, 이에 따라 야생 지대와 같이 자연 그대로의 가치를 지닌 원생적 형태에 관심을 집중해 왔다. 이러한 경향 속에서 인간의 손길이 닿은 경관, 특히 도시환경은 연구의 관심에서 배제되거나 주변화될 수밖에 없었다는 것이다.

라이트는 이러한 입장을 구체화하기 위해 롤스턴(Holms Rolston Ⅲ)의 연구를 인용한다. 대표적인 비인간중심주의자인 롤스턴은 자연과 문화를 이분법적으로 구분하여, 자연은 가치의 원천이지만 문화는 원생자연이 지닌 가치의 결핍 상태로 보았다. 그에 따르면 "자연과 문화의 구조는 다르며, 문화가 자연을 개선하려 할 때 그 의도

2 Ibid., p.9 참조.

는 오히려 자연을 망칠 수 있다."[3]

그렇다고 하여 롤스턴이 도시의 존재 자체를 부정하는 것은 아니다. 그는 지구상의 환경을 도시, 농촌, 야생의 세 가지로 구분하고 "도시 없이는 완전한 인간성을 이룰 수 없다"[4]라고 말하며 도시의 가치를 높이 평가한다. 그러나 동시에 그는 "완전한 인간의 삶이 도시에서만 달성될 수 있는 것은 아니다"[5]라고 덧붙이며, 진정한 삶의 완성은 도시 외부의 야생에 대한 관심과 연결되어야 한다고 주장한다.

롤스턴의 관점에서 도시 밖의 세계, 곧 야생에서 가치의 원천을 찾지 못하는 도시 거주자 - 그가 말하는 '단순한 도시인' - 는 '일차원적 인간'에 불과하다. 반면 "'삼차원적 인간'은 도시, 농촌, 야생이라는 세 가지 환경을 모두 조화롭게 존중하는 방법을 아는 존재"[6]라고 부른다.

그렇다고 하여 롤스턴이 도시, 농촌, 야생이라는 세 가지 환경이 다 동등한 가치를 지닌다고 주장하지는 않는다. 그는 이들 가운데 특히 야생을 가장 높이 평가한다. 그런 차원에서 그는 이렇게 말한다.

---

3 Ibid., p.13.
4 Ibid., p.14.
5 Ibid., p.15.
6 Ibid.

야생은 자연의 고향이자 자연으로부터 진화된 산물인 우리 집의 고향이기 때문에 인간을 완성해 준다. … 완전한 인간이 되려면 야생, 농촌, 도시 각각의 중요성을 존중하고 이해할 뿐 아니라 실제로 야생을 경험해야 한다.[7]

이러한 언급은 롤스턴이 야생을 모든 가치의 원천이자 가장 기본적이며 핵심적인 환경으로 간주하고 있음을 잘 보여주고 있다.

라이트는 롤스턴의 이러한 논의 속에서 '지리적 이원론', 즉 원생자연과 도시를 구분하는 이분법적 구도를 발견한다. 이는 지구를 '자연이 포함된 영역'과 '자연이 포함되지 않은 영역'으로 나누는 관점이다. 결과적으로 도시는 야생 자연을 포함하지 않는 공간으로 간주되며, 이에 따라 자연의 가치가 존재하지 않는 장소로 인식되었다는 것이 라이트의 진단이다.

이러한 전제에 따르면, 많은 사람들은 환경문제나 생태계 문제를 도시 밖의 일, 즉 자연 속에서만 발생하는 일로 여기게 된다. 그 결과 도시환경에서 발생하는 생태적 문제들은 철학적으로 주목받지 못하고 환경윤리학의 논의에서도 주변으로 밀려나게 된 것이다.

정리하자면, 기존의 환경윤리학에서 도시환경에 대한 철학적 고찰의 부재는 다음과 같은 이론적 기반에 기인한다고 볼 수 있다. 즉, 비인간중심주의의 수용, 자연의 내재적 가치에 대한 강조, 자연

7 Ibid., p.16.

과 문화의 이분법적 구분, 그리고 지리적 이원론 등의 사고방식이 그것이다. 라이트는 이러한 문제의식을 토대로 '반(反)도시적' 주장에 대응하기 위한 논의를 전개한다. 그에 따르면 도시환경 문제를 외면하는 것은 적어도 세 가지 생태학적 이유에서 중대한 실수라고 지적하며, 도시환경에 대해서도 철학적 관심과 생태적 성찰이 필요함을 주장한다. 그리고 그 근거를 다음과 같이 세 가지 측면에서 제시한다.[8]

첫째는 도심 속 자연이 주는 교육적·경험적 의미이다. 모든 사람이 야생자연을 직접 체험하고 이를 토대로 자연보호에 대한 인식을 고양할 수 있다는 생각은 현실적으로 무리이다. 오히려 많은 인파가 원생자연을 직접 체험하기 위해 몰리게 되면, 해당 지역의 생태적 안정성과 생육환경이 위협받을 수 있다. 그리고 자연을 느끼고 배우는 경험은 꼭 깊은 산속이나 외딴 숲에서만 가능한 것은 아니다. 예를 들어 사회생태학자 켈러트(Stephen Kellert, 1943~2016)는 도시에서도 '자연환경과의 의미 있는 접촉'을 경험할 기회가 충분히 존재한다고 강조한다. 그는 이러한 기회가 도시에서는 부족하다는 통념은 오히려 도시와 자연을 이분법적으로 구분하는 잘못된 인식에서 비롯된 것이라고 지적한다.

이러한 견해는 레오폴드의 주장과도 맥을 같이 한다. 그는 "도시의 잡초는 레드우드와 동일한 교훈을 전해 준다"[9]라고 말하며, 도심

8 Ibid., pp.21-23 참조.

속 자연 역시 교육적 의미를 지닐 수 있음을 시사한다. 같은 맥락에서 라이트 역시 이에 관한 구체적 사례로 뉴욕 소재 자연사박물관의 생물다양성 전시회를 제시한다. 그는 이처럼 도시에서도 얼마든지 '자연환경과의 의미 있는 접촉'을 경험할 수 있는 기회가 충분한 만큼, 환경윤리학은 도시 환경문제에도 보다 적극적인 관심을 기울여야 한다고 주장한다.

둘째는 농촌이나 야생 지역에 비해 에너지 효율성이 높은 도시 시스템이다. 이는 '규모의 경제'에 기반하여 도시가 구조적으로 에너지 소비를 절감할 수 있는 체계를 갖추고 있기 때문이다. 이와 관련하여 라이트는 "인구 밀도가 높은 공동체는 다른 모든 조건이 동일하다면, 인구 밀도가 낮은 공동체보다 본질적으로 더 환경친화적이며 지속 가능하다. 따라서 환경운동가들은 지속가능성의 핵심 요소로서 도시 밀도를 유지하고 증진하는 데 힘써야 한다"[10]라고 말한다. 인구 밀도가 높은 도시는 특별한 노력을 기울이지 않더라도 농촌이나 야생 지역에 비해 상대적으로 에너지를 덜 소비한다는

9 '레드우드(Redwood)'는 세계에서 가장 크고 오래 사는 나무 중 하나로, 웅장하고 장엄한 자연의 상징으로 여겨진다. 반대로 도시의 잡초는 흔하고 하찮게 보이며, 종종 제거해야 할 대상으로 취급된다. 하지만 레오폴드는 이 두 존재가 모두 동일하게 중요한 생태적·윤리적 교훈을 줄 수 있다고 본다. 그는 자연의 가치는 겉모습의 위대함에 있는 것이 아니라, 그 안에 깃든 생명력과 서로 연결된 관계성에 있다고 말한다. 즉, 웅장한 숲속에서만 자연을 배워야 하는 것이 아니라, 도시의 길가에 피어난 작은 풀이나 꽃, 잡초에서도 자연의 질서와 생태적 통찰을 얻을 수 있다는 것이다.

10 Andrew Light, "Urban Ecological Citizenship," *Journal of Social Philosophy*, vol.34 no.1(2003), pp.47-48.

주장이다.

실제로 『뉴욕타임스』의 보도에 따르면, 도시화 수준이 높은 주일수록 1인당 에너지 소비량이 낮은 경향이 나타났다. 조사 결과 가장 낮은 에너지 소비율을 보인 곳은 뉴욕 주였다. 이는 뉴욕 시민 다수가 아파트에 거주함으로써 벽체 공유에 따른 열에너지 절약이 가능하고, 효율적인 대중교통 시스템 덕분에 자가용 소유의 필요성도 감소했기 때문으로 분석되었다. 이처럼 도시는 높은 주거 밀도와 효율적인 교통체계로 인해 에너지 절약 효과를 거둘 수 있다.

셋째는 도시환경의 지속가능성에 대한 관심 제고가 요구된다는 점이다. 현재 세계 인구의 절반 이상이 도시에 살고 있는 만큼, 도시의 어메니티 확보, 곧 쾌적한 주거환경의 확보는 매우 중요한 과제로 볼 수 있다. 이는 에너지 절약과 같은 환경적 목표 달성뿐 아니라 사회적 안정에도 기여할 수 있다. 반대로 도시의 지속가능성 정책이 미흡하면 게토화(빈곤 지역의 고립), 빈곤 심화, 부와 권력의 불평등, 환경오염, 사회불안 등의 문제가 발생할 수 있다. 라이트는 이러한 상황이야말로 '환경주의의 커다란 수치'라고 경고한다.[11]

이상의 논의를 토대로 라이트는 "우리 모두가 장기적으로 지역 환경에 관심을 가질 때 비로소 환경의 지속가능성을 달성할 수 있다"[12]라고 말한다. 더불어 그는 전통적 환경관에 내재된 반도시적

11 Light, "The Urban Blind Spot in Environmental Ethics," p.27 참조.

12 Ibid., p.31.

편견과 도시를 외면하는 시각을 비판하며, 도시를 관심의 대상으로 포함하는 확장된 환경주의를 지향해야 한다고 주장한다.[13] 이러한 시각은 환경문제를 더 이상 '자연 속의 일'로만 한정해서는 안 된다는 메시지를 담고 있다. 이와 관련하여 그는 다음과 같이 제안한다.

> 도시를 환경주의의 온전한 일부로 축하해주어야 하며, 오히려 도시가 지속 가능한 삶을 위한 더 나은 대안이 될 수 있다는 점을 널리 알려야 한다.[14]

이러한 주장은 환경철학자를 비롯한 환경 전문가들이 도시환경과 그 안에서 발생하는 다양한 문제를 본격적으로 탐구해야 한다는 요청으로 이어진다. 라이트는 우리가 살아가는 도시 또한 자연의 일부이며, 그 안에서도 환경적 성찰과 실천이 충분히 가능하다는 점을 분명히 하고자 한다.

---

13 여기서 한 가지 주의할 점이 있다. 라이트가 도시를 강조하는 이유는, 도시가 원생자연이나 농촌보다 더 뛰어나다고 주장하기 위해서가 아니다. 그는 단지 환경윤리학에서 도시환경이 원생자연이나 농촌에 비해 지나치게 무시되어 온 현실을 비판하기 위해 도시를 언급한 것이다. 라이트의 핵심 의도는, 환경윤리의 실천이 반드시 멀리 있는 자연에서만 가능한 것이 아니라, 우리가 살아가는 도시 속에서도 충분히 이루어질 수 있다는 점을 보여주는 데 있다. 즉, 그는 도시라는 일상적 환경 속에서도 자연과의 관계를 돌아보고, 생태적 가치를 실천할 수 있는 가능성을 강조한 것이다.

14 Light, "Urban Ecological Citizenship," p.49.

2. 생태복원과 시민 참여

라이트가 주장하는 도시 환경윤리의 목표 가운데 하나는 환경에 대한 책임감, 곧 생태시민성을 함양하는 데 있다. 라이트는 이러한 생태시민성을 함양하는 데 요구되는 첫 번째 요건으로 자연 및 경관의 유지 관리에 대한 대중의 참여 촉진을 제시한다. 이런 차원에서 그는 "만약 내가 내 주변의 대지와 규범적이며 참여적 관계를 맺고 있다면, 그 대지가 더 이상 훼손되는 것을 허용할 가능성은 낮아진다"[15]라고 말한다. 나아가 그는 대중의 자연보호 참여를 촉진하는 효과적인 매개로 생태복원을 끌어온다.

생태복원이란 인위적 원인에 의해 손상된 생태계를 복원하는 과학적 프로젝트라 할 수 있다. 라이트는 일반적으로 복원은 인간에 의해 훼손된 생태계를 단순히 보존하는 것보다 많은 이점을 가져다 주기에 합리적으로 본다. 그러나 이 복원에 반대하는 이들도 있다. 가령 캐츠(Eric Katz)와 같은 비인간중심주의자들은 복원을 통해 만들어진 대상은 자연이 아니라, 인간이 인위적으로 생산했기에 인공물이라고 주장한다. 그러나 이러한 반대에도 불구하고 라이트는 생태복원이 정부, 기업, NGO, 대학 등에서 가장 큰 관심을 받는 제도적 관행이며, 오늘날 선진국 대부분의 지역에서 복원된 경관을 쉽게 발견할 수 있을 만큼 보편화되어 있다고 지적한다.[16]

---

15 Light, "The Urban Blind Spot in Environmental Ethics," p.28.

다만 여기에는 유의할 사항이 있다. 그것은 복원 사업을 통해 환경 복원이 이뤄지고 있다는 사실이나 복원의 최종 결과물에만 초점을 두면 매우 중요한 것을 놓칠 수 있다는 점이다. 라이트에 따르면, 복원의 성과만큼이나 중요한 것은 복원이 누구에 의해 이뤄지는가 하는 주체 문제이다. 그는 여기서 자원봉사를 제시한다. 즉, 그는 복원 사업이 자원봉사를 통해 자연과의 참여적 관계를 형성하는 방식으로 수행되는 것이 바람직하며, 이러한 자원봉사는 생태시민성과 생태적 책임감의 중요한 원천이 될 수 있다고 본다.

라이트는 이러한 논의를 뒷받침하기 위해 구체적 사례까지 든다. 곧 시카고 복원 프로젝트의 사례에 따르면, 복원 활동에 참여한 시민들은 자연과의 직접적인 상호작용을 통해 자연에 대한 책임감과 청지기적 태도를 지닐 가능성이 높은 것으로 나타났다. 그 이유는 참여자들이 훼손된 자연을 복원하는 과정에서 그 어려움과 복원의 중요성을 몸소 경험했기 때문이다. 그래서 라이트는 이렇게 말한다.

> 복원 프로젝트에 더 많은 지역 주민이 참여하는 것은 환경적 책임을 위한 일종의 학교이자 보다 민주적인 환경 실천을 촉진하는 수단이 된다. 참여형 복원의 핵심은 자연에 대한 대중의 참여이며, 이러한 참여는 자연뿐만 아니라 자연과 인간의 문화적 관계까지 함께 복원한다.[17]

---

16 Ibid., p.29 참조.

복원 사업에 지역 주민들이 적극 참여하는 것은 단순히 자연을 회복하는 것을 넘어 환경적 책임감을 배우는 교육의 장이자, 더 민주적인 환경 실천을 촉진하는 방법이 된다는 주장이다. 더불어 이러한 복원 프로젝트에서 무엇보다 중요한 요소는 대중의 자발적 참여이며, 이를 통해 자연 생태계 보전뿐만 아니라 참여자들 간의 관계, 곧 규범적 유대감과 공동체 의식까지 함께 형성될 수 있음을 시사하고 있다.

이상의 내용을 간추리면 이렇다. 도시에서의 환경에 대한 책임감, 곧 생태시민성을 함양하기 위해선 해당 도시 주민들이 자신들이 거주하는 지역의 환경보호 활동에 직접 참여해야 한다. 참여야말로 생태시민성에 기반한 환경보호의 필수조건이다. 만약 누군가가 특정 도시 문제에 관심을 두고 그 도시와 참여적 관계를 유지한다면, 외부로부터 그 도시에 위해가 가해질 경우 이를 용납하지 않을 가능성이 크다. 그러나 만약 그러한 참여적 관계가 전혀 형성돼 있지 않다면, 무임승차 문제나 환경 관련 법률의 직접적 위반마저 발생할 수 있다. 즉, 환경 보전 관련 법률이 아무리 강제력을 가진다 해도 지역 주민들이 환경보호에 무관심하다면 그 법률을 준수하려는 동기는 거의 사라질 것이기 때문이다.[18]

결국 지역 주민들의 생태복원을 위한 자발적 참여는 환경보호를

17 Ibid., pp.30-31.

18 Light, "Urban Ecological Citizenship," p.59 참조.

실천할 수 있는 동기를 부여한다는 점에서 적극 장려되어야 한다. 여기서 말하는 참여란 단순히 '위원회'와 같은 추상적 활동이 아니라, 환경보호를 위해 직접적인 노력과 일손을 투입하는 구체적 실천을 의미한다.

3. 도시 환경윤리와 생태시민성

앞선 1절과 2절에서는 '도시'와 '생태복원'에 주목해야 하는 이유에 대해 살펴보았다. 이 두 논의는 궁극적으로 환경에 대한 책임감, 곧 생태시민성을 함양해야 한다는 논점으로 수렴되므로 이에 대한 고찰은 필수적이라 할 수 있다.

라이트가 말하는 생태시민성의 구체적 의미는 '도시에 사는 사람들이 자신이 속한 도시환경에 대한 책임감, 곧 책임을 지는 태도'이다. 그에 따르면 도시는 단순한 지리적 공간이 아니라 사람들이 서로 영향을 주고받으며 함께 살아가는 생활환경을 뜻한다. 이런 점에서 도시는 사람들에게 공동생활의 장점과 그 한계를 동시에 보여주는 공간이다. 그러기에 라이트는 시민의 책임을 강조하는 전통적 시민성 개념이 도시환경 문제를 이해하는 데 특히 적합하다고 본다.[19]

이러한 시각에서 그는 고전적 공화주의에 의거하여 시민성과 도

19 Ibid., p.51 참조.

시 간의 연관성을 설명하고 있다. 그에 따르면 "고전적 공화주의 전통에 따라 파악되는 시민성은 한 지역 주민들이 자신이 속한 더 큰 공동체(도시)를 위해 어떤 최소한의 책임을 져야 하는지를 분명히 함으로써, 그 지역 주민의 역할을 확인할 수 있다."[20]

라이트가 말하는 고전적 공화주의는 시민을 단순히 개인적 권리의 향유자로 한정하지 않고, 공동체의 유지와 발전을 위해 일정한 의무와 책임을 수행하는 주체로 규정한다. 이러한 사상은 시민이 공동체의 정치적·사회적·환경적 안녕을 증진하기 위해 적극 참여하며, 구성원 간 최소한의 책임을 공유하는 것을 핵심 가치로 삼는다. 고전적 공화주의는 공동체를 단순한 물리적 거주 공간이 아닌 상호 의존적 관계망으로 파악함으로써, 도시를 익명의 개인 집합이 아니라 책임을 공유하는 사회적·정치적 공동체로 재정의할 수 있는 개념적 토대를 제공한다. 이러한 관점에서 그는 시민성에 대해 이렇게 말한다.

> 시민성은 단순히 투표를 통해서만 충족되는 것도 아니고, 출생이나 귀화를 통해 법적으로 부여되는 범주도 아니다. 오히려 시민성은 '윤리적 시민성' 또는 '소명(vocation)으로서의 시민성'이라는 개념으로 어떤 수준의 공적 업무에 적극 참여함으로써 실현되는 하나의 덕목이다.[21]

---

20 Ibid., p.51.

21 Ibid.

시민성이란 단순히 투표권 행사나 법적 신분으로 규정되는 것이 아니라, 오히려 공동체의 일을 함께 고민하며 참여하는 도덕적 책임과 태도를 의미한다는 주장이다. 다시 말해 '소명'처럼 공적인 일에 헌신하고 참여할 때 드러나는 삶의 자세라는 것이다.

나아가 라이트는 대거(Richard Dagger, 1953~)와 페팃(Philip Pettit, 1945~) 등 현대 공화주의자들의 논의를 수용하면서, 공화주의와 시민성 간의 밀접한 연관성을 한층 심화시켜 나간다. 이들의 논의에 따라 라이트는 시민성은 일차적으로 도시적 개념으로 파악되어야 한다고 본다.[22] 시민성의 고전적 개념은 역사적으로 도시적 맥락에서 볼 때 아리스토텔레스에게까지 거슬러 올라가며, 폴리스(Polis)와 도시 생활에 결부되어 형성되었기 때문이다. 그리고 라이트는 시민성 개념이 형성된 이후 많은 변화가 있었지만, 오늘날의 도시 생활에도 여전히 유효하다고 본다. 그런 시각에서 라이트는 "도시화의 세계적 추세를 고려할 때 공화주의가 여전히 유효하려면 공화주의 사상을 현대 도시 생활과 결부시켜야 한다"[23]라고 말한다.

그런데 여기에는 한 가지 유의점이 있다. 폴리스와 달리 현대 도시는 대도시화와 스프롤화 현상이 지속적으로 진행되어 온 만큼, 시민성 개념이 그대로 통용되는 데는 한계가 있다는 점이다. 그래서 라이트는 이렇게 말한다. "진정한 도시 시민성은 현재의 규모

---

22 Ibid., p.53 참조.

23 Ibid., p.53.

추세를 역전시켜야만 가능하다. … 뉴욕을 비롯한 대부분의 글로벌 도시가 공식적인 도시 경계 수준에서 새로운 아고라가 될 가능성이 거의 없다는 것은 말할 필요도 없다."[24] 도시 시민성이 효과적으로 작동하려면 도시 생활의 규모를 축소해야 한다는 의미이다. 그렇다면 그 근거는 무엇인가? 이에 대해 라이트는 시민성의 토대가 시민들이 서로를 잘 알고 교류할 수 있는 소규모 공동체에서만 발견될 수 있기 때문이라고 설명한다.[25]

이와 같은 맥락에서 라이트는 대거의 다음 주장을 끌어온다. "윤리적 시민이라면 스프롤화에 맞서 싸워야 한다. 스프롤화는 도시의 환경적 구조뿐만 아니라 시민 조직의 기반도 함께 위협하기 때문이다. 스프롤화된 도시는 도시 시민성의 발전에 필수적인 시민적 결사의 소멸을 앞당길 뿐이다."[26]

도시 스프롤화는 단순히 도시가 바깥으로 '커지는' 현상이 아니라, 도시를 지탱하는 환경적·시민적 기반을 동시에 약화시키는 구조적 문제이다. 주거지와 생활공간이 끝없이 외곽으로 퍼져 나가면 대중교통과 보행 중심의 생활 구조는 무너지고, 자동차 의존과 에너지 낭비가 심화되며, 녹지와 공공 공간 역시 파편화된다.

그러나 더 심각한 문제는 시민들이 서로 얼굴을 알고 마주치고 함께 모일 수 있는 장이 사라진다는 점이다. 동네 모임, 지역 단체,

---

24 Ibid., pp.53-54.

25 Ibid., p.54 참조.

26 Ibid., pp.52-53.

시민운동, 자치 활동과 같은 시민적 결사는 촘촘한 일상적 접촉과 밀도 높은 도시 공간에서 자라나는데, 스프롤화된 도시는 이러한 결사의 토대를 서서히 잠식한다. 따라서 라이트와 대거의 주장처럼, 도시의 미래에 책임을 느끼는 '윤리적 시민'이라면 스프롤화에 저항하고, 도시를 보다 작게 쪼개고 분권화하여 시민들이 다시 서로를 알아보고 연결될 수 있는 구조를 지지해야 한다고 말할 수 있다.

이어서 라이트는 글로벌 도시의 문제도 짚어낸다. 그는 도시가 무분별하게 계속 확장되면, 시민들 사이의 깊이 있는 소통과 교류 능력이 약해진다고 본다. 이를 방지하기 위해선 거대 도시 역시 하나의 덩어리로 두는 대신 여러 작은 단위로 나누어 운영하는 분권화 구조를 이루어야 하며, 이러한 구조가 더 강한 시민성을 뒷받침할 수 있다고 주장한다. 이와 관련하여 라이트는 다시 한번 대거의 주장을 불러온다.

> 대거는 시민 공화주의 관점에서 볼 때, 작고 안정적이며 경계가 뚜렷한 도시가 바람직한데, 그 규모는 대략 인구 10만~25만 명 범위라고 제안한다. 만약 도시가 이미 그보다 훨씬 큰 대도시라면, 그의 목표는 정치 권한을 아래로 나누는 분권화된 정치 구조를 만드는 데 있다. 도시학자 벤더(Thomas Bender, 1944~)가 말하는 '지역 공동체(local publics)'를 많이 만들어 내는 것이 바로 그 핵심이다. 대거에 따르면, 이러한 구조가 구체적으로 어떻게 나뉠지는 도시의 인구 규모에 따라 달라질 수 있다. 예를 들어 인구 100만 명인 도시를 생각해 보자. 이 도시를

인구 5만 명 규모의 20개 지구로 나누고, 각 지구를 다시 10개의 작은 구로 세분화하는 방식을 상상해 볼 수 있다. 그리고 각 구와 지구마다 주민들이 직접 선출하는 자체 의회를 두어, 지역의 중요한 문제를 스스로 결정하도록 하는 방식을 제안한다.[27]

정리하자면, 대거는 시민 공화주의 관점에서 시민이 안정적으로 참여할 수 있는 적정 도시 규모를 인구 10만~25만 명 정도로 보고, 이미 거대한 대도시의 경우에는 인구를 여러 구역과 소단위 공동체로 나누어 주민이 직접 뽑은 의회를 통해 지역 문제를 결정하는 분권화를 주장하는 셈이다. 이렇게 할 때 시민들은 더 직접적이고 실질적인 정치 참여를 경험할 수 있다는 것이다.

라이트는 대거의 이러한 제안이 실제로 어느 정도까지 실현 가능한지의 여부는 결국 경험적인 연구와 사례를 통해 평가해야 할 문제라고 인정한다. 그럼에도 불구하고, 시민사회와 공동체의 규모를 어느 정도 축소하는 것이 시민성 강화를 위한 필수조건이라고 보는 점에서, 대거의 주장은 충분히 의미 있고 가치가 있다고 평가한다.

지금까지의 라이트의 논의를 종합하면 다음과 같다. 환경에 대한 책임감, 곧 생태시민성을 함양하려면 단순히 자연 보호에 관심을 갖는 것만으로는 부족하다. 도시 문제에 관심을 기울일 뿐 아니

27 Ibid., p.55.

라, 도시의 생태를 회복·복원하기 위한 활동에 자발적으로 참여해야 하며, 동시에 공화주의적 관점에서 시민성을 적극적으로 강화하는 노력이 필요하다. 다시 말해, 라이트가 구상하는 도시 환경윤리는 도시라는 생활공간, 그 안에서의 적극적 참여, 공화주의적 시민성이라는 세 축을 핵심 개념으로 삼고 있다고 정리할 수 있다.

10
생태복원으로 되살린 자연, 여전히 자연이라 부를 수 있을까?

이 장을 열며

환경실용주의의 대표 학자인 라이트는 생태복원을 ‘인간이 자연에 대해 지닌 윤리적 책임을 구체적으로 실천할 수 있는 장(場)’으로 본다. 즉, 환경실용주의는 복원을 단순한 기술적 행위가 아니라 윤리와 실천을 이어주는 다리, 다시 말해 도덕적 실천의 무대로 해석한다.

그런데 여기서 유의할 점은, 라이트의 생태복원론이 완전히 새로운 독립 이론은 아니라는 사실이다. 그의 논의는 엘리엇(Robert Elliot, 1950~)과 캐츠(Eric Katz)가 제기한 “복원은 인공적이며, 진정한 자연이 아니다”라는 주장을 비판적으로 검토하고 수정하는 과정에서 형성되었다. 다시 말해, 라이트는 복원을 옹호하기 위해서라도 먼저 그 반대 논리가 어떤 근거에서 출발했는지를 이해해야 했다. 따라서 그는 엘리엇과 캐츠의 견해를 출발점으로 삼아 자신의 논의를 전개한다. 결국 라이트의 주장은 엘리엇과 캐츠의 반대 논리를 전제하지 않으면 제대로 이해할 수 없는 구조를 가지고 있다.

따라서 10장에서는 생태복원을 둘러싼 철학적 논쟁의 출발점이 된 두 사상가, 엘리엇과 캐츠의 견해를 중심으로 '복원된 자연'의 의미를 탐구한다.

엘리엇은 「자연 위조하기(Faking Nature)」에서 "복원된 자연은 진짜 자연이 아니다"라는 도발적인 주장을 펼친다. 그는 복원이 가능하다는 생각이 개발 논리를 정당화할 위험이 있다고 경고하며, 복원된 자연은 본래의 자연이 지닌 '기원'과 '역사'를 되살릴 수 없다고 비판한다. 마치 완벽한 위조 그림이 원작과 동일한 예술적 가치를 가질 수 없는 것처럼, 인위적으로 복원된 자연도 그 고유한 시간의 흔적과 자연스러운 형성 과정을 잃는다는 것이다.

이에 반해 캐츠는 자연과 인공물의 존재론적 차이에 주목한다. 그는 자연이 인간의 의도나 설계 없이 자율적으로 형성된다는 점에서 독립적인 가치를 지닌다고 본다. 반면 복원된 자연은 인간의 목적과 설계 아래 만들어진 인공적 산물이며, 따라서 '자연의 복원'이라 부를 수 없다고 주장한다. 그는 생태복원 프로젝트가 결국 자연의 자율성을 파괴하고 인간의 통제를 강화하는 '거대한 인간 중심적 프로젝트'로 변질될 수 있다고 경고한다.

이 장은 이러한 두 철학자의 논의를 통해, "복원된 자연은 과연 진짜 자연이라 할 수 있는가?"라는 근본적인 질문을 제기한다. 이 질문은 단순히 생태복원 기술의 문제를 넘어, 자연의 본질, 인간의 역할, 복원의 의미에 대해 깊이 성찰하게 만든다.

1. 엘리엇[1]의 입장: '자연 위조하기'와 '복원테제' 비판

생태복원 문제가 철학적 쟁점이 된 것은 1982년 엘리엇이 「자연 위조하기」를 발표하면서부터였다. 엘리엇은 손상되거나 황폐화된 자연환경을 큰 가치 손실 없이 이전 상태로 복원할 수 있다는 주장에 반대하는 논리를 폈다. 그는 복원 논리가 수용되면 개발업자들이 환경보호론자들에게 불리한 논거를 제시할 수 있기에 자연 시스템에 부정적 영향을 미치는 환경정책이 늘어날 것을 우려했다.

예를 들어 채광, 벌목, 농업 등의 목적으로 자연을 훼손하고 난 뒤 이를 복원할 수 있다면, 개발업자들은 토지를 이용하여 경제적·사회적 이익을 모두 취한 후 해당 지역을 이전의 상태로 되돌려 놓겠다고 했을 때 이를 막을 수 없게 된다. 이와 같이 가치가 있는 것의 파괴는 나중에 동일한 가치를 지닌 무언가의 재창조로 보상할 수 있다는 개발업자들의 논리를 엘리엇은 '복원테제'라고 부르며,[2] 이에 강력히 반대한다.

---

1 호주의 퀸즐랜드 선샤인코스트 대학교 명예교수로, 환경철학과 윤리학 분야에서 활동해 온 철학자이다. 그는 자연의 내재적 가치와 생태복원의 윤리적 한계에 대한 선도적 연구로 널리 알려져 있다. 대표 저서인 『자연 위조하기: 환경복원의 윤리』(*Faking Nature: The Ethics of Environmental Restoration*, 1997)에서 엘리엇은 인위적으로 복원된 자연은 본래의 '자연스러움'과 역사적 연속성을 회복할 수 없다고 비판하면서, 복원이 환경 파괴를 정당화하는 논리로 악용되어서는 안 된다고 강조한다. 그의 논의는 복원생태학과 환경윤리학에서 '자연의 진정성' 문제를 철학적으로 성찰하게 하는 중요한 전환점을 마련했으며, 오늘날의 복원 정책 및 실천을 비판적으로 바라보는 데 여전히 큰 영향력을 미치고 있다.

2 Robert Elliot, "Faking Nature," *Inquiry: An Interdisciplinary Journal of Philosophy*, 25, no.1(1982), p.81 참조.

엘리엇은 자신의 주장을 강화하기 위해 예술품 위조의 비유를 든다. 그는 아무리 완벽하게 위조된 예술작품이더라도 원작과 동일한 가치를 지닐 수는 없다고 말한다. 왜냐하면 예술작품의 가치는 단순히 겉모습의 유사성만이 아니라, 그것이 만들어진 과정과 역사적 배경에서도 나오기 때문이다. 예를 들어 렘브란트(Rembrandt)의 작품과 똑같이 생긴 복제품이 있다고 해도, 그것이 렘브란트가 직접 그린 것이 아니라면 그 예술적 가치는 당연히 떨어질 수밖에 없다.

또한 엘리엇은 작품의 가치를 결정하는 핵심 요소가 단순히 '원본이냐 아니냐'에만 있는 게 아니라, 그것이 어떤 기원과 역사를 가지고 만들어졌는가에 있다고 본다. 예를 들어 어떤 조각품이 아무리 예술적으로 훌륭하다 해도, 그 재료가 인간의 유골(人骨)로 밝혀지고 심지어 그 유골을 얻기 위해 의도적 살인이 자행되었다면 그 작품의 가치는 근본적으로 달라질 수밖에 없다. 이처럼 작품의 인과적 기원과 역사는 그 가치를 평가하는 데 있어 매우 중요한 요소임을 엘리엇은 강조한다.[3]

이 점을 설명하기 위해 엘리엇은 다음과 같은 예를 들고 있다.

어느 정원에 아주 섬세하고 부서지기 쉬운 조각품이 있었다. 그런데 시의회에서 조각품이 있는 바로 그 자리 밑으로 하수도 파이프를 설치해야 한다며, 그 조각품을 옮겨 달라고 요청해 왔다. 그러

3 Ibid., pp.85-86 참조.

나 조각품이 너무 약해 옮기면 깨질 수 있다는 이유로 옮기기를 거부하자, 시의회는 "최고의 전문가가 봐도 원본과 구별할 수 없을 만큼 완벽한 복제품을 만들어 놓겠다"라고 약속했다.

하지만 엘리엇은 이에 대해 "복제품이 전혀 없는 것보다는 낫겠지만, 원본을 완전히 대신할 수는 없다"[4]라고 단호히 말한다. 그 이유는 원작은 단순히 모양이 같은 물건이 아니라, 특정한 '기원과 역사'를 가진 미적 대상이기 때문이다. 아무리 정교한 복제품이더라도, 그 원작이 지닌 시간의 흔적과 역사적 배경, 그리고 창작 과정에서 비롯된 고유한 의미를 완벽히 담아낼 수는 없다는 것이다.

예술작품의 원본에는 창작자가 그 작품을 만들던 당시의 감정, 사회적 분위기, 그리고 개인적 경험이 녹아 있다. 원작은 그 자체로 한 사람의 독창적인 표현이며, 작가의 시선과 해석이 고스란히 담긴 결과물이다. 반면 복제품은 이런 창작자의 의도나 감정을 제대로 전달할 수 없다. 또한 원작은 시간이 지나면서 자연스럽게 역사적 가치를 지닌다. 작품이 만들어진 시대의 문화, 철학, 사회적 상황이 반영되어 있고, 세월의 흔적과 당시의 기술적 특성이 남아 있기 때문이다. 이런 요소들은 복제품에서는 느낄 수 없는, 오직 원작만이 가진 고유한 가치라고 할 수 있다.

엘리엇은 이러한 논리를 자연에도 그대로 적용한다. 그는 자연 생태계 또한 짧은 시간에 만들어진 것이 아니라고 말한다. 지금의

4 Ibid., p.85.

생태계는 지구가 형성된 이후 수억 년에 걸친 진화의 결과이며, 그 동안 생물들은 끊임없이 변화하는 환경 속에서 서로 영향을 주고받으며 살아왔다. 이렇게 오랜 시간 동안 쌓여 형성된 생태계의 복잡한 구조와 유기적인 관계망은 인간이 인위적으로 복원한다고 해서 그대로 재현될 수 없다는 것이 엘리엇의 주장이다. 아무리 정교한 복원 작업을 해도, 그것은 자연이 지닌 고유한 '기원'과 '역사'를 되살릴 수 없다는 것이다.

나아가 엘리엇은 자연에는 인간이 만든 복원된 환경과는 전혀 다른, 고유하고 독창적인 가치가 들어있다고 주장한다. 이를 설명하기 위해 그는 다음과 같은 상상 속의 상황을 제시한다.[5]

여기 자연 그대로의 야생을 사랑하는 한 남자 존(John)이 있다. 어느 날 그는 초능력 기술자인 납치범에게 납치되어 세 가지 특별한 상황을 체험하게 된다.

첫 번째 상황: 납치범은 '체험 기계'라는 다소 놀라운 장치를 설치한다. 이 기계는 머리에 전극을 부착하고 버튼을 누르면, 사용자가 원하는 어떤 경험이든 가상현실로 느낄 수 있게 만들어져 있다. 존은 이 기계에 연결되어, 마치 실제로 광활한 야생을 하이킹하는 것 같은 생생한 체험을 한다.

두 번째 상황: 이번에는 존의 눈을 가린 채 납치범이 그를 어디

5 Ibid., pp.88-89 참조.

론가 데려간다. 그리고 안대를 벗자, 그의 앞에는 높이 솟은 유칼립투스 나무와 아카시아 나무, 바위 위의 이끼까지 펼쳐져 있었다. 존은 그 광경을 보고 감격했지만, 사실 그곳은 모두 플라스틱으로 만든 가짜 광야였다.

세 번째 상황: 마지막으로 존은 한때 노천 채굴로 완전히 파괴된 지역으로 데려가진다. 그곳의 숲은 수천 년 동안 존재했지만, 인간의 개발로 나무는 베이고 땅은 찢겨나갔으며, 동물들도 죽거나 쫓겨났다. 시간이 흐른 뒤 사람들은 이곳을 복원해 예전처럼 나무를 심고 동물을 다시 들였다. 존은 이 사실을 전혀 모른 채, 자신이 진짜 자연 속에 있다고 믿는다.

위 세 가지 상황 체험에 대해 엘리엇은 이렇게 평가한다.

첫 번째 사례: 존은 분명 속고 있다. 그는 진짜 야생을 체험하고 있다고 믿지만, 사실은 단지 기계가 만들어낸 가짜 체험을 하고 있을 뿐이다.
두 번째 사례: 존은 또다시 속임을 당하고 있다. 그는 감동할 만큼 자연의 아름다움을 느끼지만, 사실은 모조된 환경 속에 있다. 만약 그가 인조 나뭇잎이 바람에 흔들리는 장면이 진짜가 아니라는 사실을 알았다면, 큰 실망과 불쾌감을 느꼈을 것이다.
세 번째 사례: 존은 자신이 진짜 자연 속에 있다고 믿지만, 사실은 복원된 숲속에 있다. 그는 자연 그대로의 환경을 경험하고

있다고 착각하지만, 실제로는 그가 소중히 여기는 진짜 자연보다 훨씬 더 적은 것을 얻고 있는 셈이다.

엘리엇은 앞의 두 가지 사례에서는 우리가 자연에 부여하는 어떤 가치도 찾아볼 수 없다고 말한다. 왜냐하면 첫 번째와 두 번째 상황의 '기계 속 가짜 야생'이나 '플라스틱 나무로 만든 광야'는 모두 인공적으로 만들어진 위조된 자연, 즉 진짜 자연이 아니기 때문이다. 하지만 세 번째 사례는 조금 다르다. 이 경우는 인조 자연이 아니라, 과거에 파괴된 지역을 다시 복원하여 겉보기에는 원래의 자연처럼 보이는 환경이기 때문이다. 그럼에도 엘리엇은 "존은 자신이 가장 소중히 여기는 것들보다 훨씬 더 적은 것을 얻었다"[6]라고 말하며, 복원된 자연에도 근본적인 한계가 있다고 지적한다.

그 이유는 복원된 자연이 비록 환경적·사회적 측면에서 여러 가치를 제공할 수는 있지만, 인간의 의도와 개입으로 만들어진 인공적 결과물이기 때문이다. 이러한 복원된 자연은 겉모습은 비슷할지라도, 오랜 시간에 걸쳐 스스로 형성된 자연만이 지닌 복잡한 관계, 역사, 그리고 고유한 생태적 질서를 완전히 되살릴 수는 없다. 반면에 진짜 자연생태계는 수억 년 동안 스스로의 질서를 만들어 온 결과물이다. 인간이 손대지 않아도 지속 가능하고 안정적인 균형을 유지하며, 그 안에는 오랜 세월이 쌓아온 독특한 가치와 생물다양

6 Ibid., p.89.

성이 담겨 있다.

결국 엘리엇은 생태복원이 아무리 성공적으로 보이더라도, 그것은 자연이 본래 지닌 기원과 역사, 그리고 '자연스러움'의 가치까지는 결코 되살릴 수 없다고 주장하며, 이러한 복원 개념에 대해 강력한 반대 입장을 드러내고 있다.

2. 캐츠의 입장: 생태복원과 자연 지배의 '큰 거짓말'

엘리엇의 문제 제기 이후 생태복원 논의는 잠시 소강상태에 들어가는 듯했지만, 곧 다시 중요한 철학적 쟁점으로 부상하게 된다. 이러한 재점화의 중심에는 캐츠가 있었다. 그는 1992년 발표한 논문 「큰 거짓말: 자연의 인간적 복원(The Big Lie: Human Restoration of Nature)」을 시작으로, 이후 꾸준히 복원 개념을 비판하는 글을 발표하며 이 논의를 지속적으로 확장하고 심화시켜 왔다.

우리가 예술작품을 감상할 때 단순히 작품의 모습만 보는 것이 아니라, 그 작품을 만든 사람이 누구인지, 그리고 어떤 시대적·문화적 배경 속에서 만들어졌는지도 알고 싶어 한다. 예를 들어 선사시대나 고대의 예술처럼 창작자를 정확히 알 수 없는 경우에도, 우리는 그 작품이 만들어진 시대나 지역에 대해 알고 싶어 한다. 반대로 어떤 작품이 특정 예술가나 시대의 작품과 비슷하게 보이더라도, 실제로 그 사람이 만들지 않았거나 그 시대에 제작된 것이 아니라면, 그 작품의 가치는 다르게 평가될 것이다.

또한 엘리엇이 언급한 '인골 조각품'의 예에서 볼 수 있듯, 예술작품의 가치에는 재료의 출처와 제작 방식, 즉 작품이 만들어지는 과정이 깊이 관련되어 있다. 만약 그 과정이 비윤리적이었다면, 아무리 작품이 아름답더라도 그 가치는 낮게 평가될 수밖에 없다.

이와 더불어 역사적 연속성 역시 예술작품의 진정성을 판단하는 중요한 기준이 된다. 우리는 예술작품이 세월이 지나도 손상되거나 변형되지 않고 원래의 모습을 유지해 왔는지를 알고 싶어 한다. 이러한 제작 과정의 정당성과 역사적 연속성이 결합될 때, 우리는 오늘날 보고 있는 예술작품이 정말로 과거의 특정 예술가가 만든 '진품'이며, 이후의 인위적 개입으로 변형되지 않았음을 입증할 수 있다.[7]

캐츠는 앞서 예술작품의 가치 판단에 사용된 조건들을 자연의 복원 문제에도 그대로 적용한다. 다시 말해, 기원, 역사적 연속성, 진정성이라는 요소는 자연의 가치를 평가할 때에도 핵심적인 기준이 된다고 본다.

하지만 그는 여기에 한 가지 새로운 요소를 더한다. 바로 '인간의 의도와 설계(디자인)'이다. 예를 들어 예술작품의 경우, 우리가 감상하는 작품의 원작자가 실제로는 그 작품을 만든 사람이 아니라면, 그 작품의 가치는 분명 달라질 것이다. 그러나 자연의 복원에서는 상황이 다르다. 자연에는 '작가'나 '디자이너'가 따로 존재하지 않기 때문이다. 캐츠는 이 점을 이렇게 설명하고 있다.

7 Eric Katz, "Further Adventures in the Case against Restoration," *Environmental Ethics*, 34(2012), pp.69-70 참조.

복원된 자연 시스템의 진정성 문제, 즉 역사적 연속성이 끊기고 인과적 기원이 달라지는 이유는 인간의 의도와 설계가 개입하기 때문이다. 인간은 자연의 본래적 발전 과정을 방해하고, 자신의 목표와 이상에 맞게 자연을 수정한다. 우리는 경제적, 정치적, 과학적, 문화적, 미적 욕구를 충족하기 위해 자연을 바꾸려 하며, 그 결과 자연은 인간의 목적을 위한 인공물로 변해버린다.[8]

즉, 생태복원은 예술작품처럼 '원작자'가 따로 있는 것이 아니므로, '위조'나 '모조'라는 개념으로 설명할 수 없다. 대신 캐츠는 생태복원을 인간의 필요와 욕구를 충족시키기 위해 만들어진 인공물로 보아야 한다고 주장한다.

그는 나아가 자연물과 인공물은 존재론적으로 완전히 다르다고 강조한다. 자연물은 그저 있는 그대로 존재하는 것이지만, 인공물은 인간의 의도와 설계, 즉 특정한 목적을 위해 만들어진다. 다시 말해 어떤 목표가 미리 설정되지 않았다면 인공물은 아예 만들어지지 않았을 것이라는 의미이다.[9]

이와 관련하여 캐츠는 생태복원이 본질적으로 인간이 기획하고 설계한 프로젝트라는 점을 지적한다. 따라서 그 결과물은 자연물이 아니라 인공물이 된다. 인공물은 인간의 의도와 설계에 의해 만들어지기 때문에, 그 기원은 자연물과 완전히 다르다. 자연물은 어떤

8 Ibid., p.70.

9 Ibid., p.70 참조.

신학적 설계나 목적을 전제로 하지 않는 한, 그 자체로 존재할 뿐이다. 캐츠는 설령 "자연은 신이 설계한 창조물이다"라는 신학적 관점을 받아들인다 하더라도, 인공물과 신이 만든 자연물은 근본적으로 다르다고 말한다. 인공물은 인간의 의도와 설계에서 비롯된 것이며, 이는 신의 창조 의도와는 본질적으로 구별된다는 주장이다.[10]

캐츠는 인공물과 자연물 사이의 존재론적 차이로 인해 두 대상이 지니는 가치 또한 달라질 수밖에 없다는 점에 주목한다. 그에 따르면 인공물과 달리 자연물이 특별한 가치를 지니는 이유는 자연이 인간의 통제를 벗어나 자율적으로 존재하기 때문이다.

그는 이에 대해 이렇게 설명한다.

> 자연은 대부분 인간의 계획이나 프로젝트와는 별개의 영역이다. 자연은 스스로의 내부 논리에 따라 발전해 나갈 수 있다는 점에서, 인간 주체처럼 자율성을 가진다고 할 수 있다."[11]

즉, 자연은 인간이 설계하거나 통제하지 않아도 스스로 변하고 발전하는 힘을 가지고 있다. 그런데 인간이 이러한 자연의 과정을 인위적으로 조절하거나 개입하면, 자연의 자율적인 발전이 변형되어 버린다. 그 결과, 자연의 본래적인 흐름과 역사를 따르는 진정한

---

10 Ibid., pp.70-71 참조.

11 Ibid., p.71.

자연 시스템이 아니라, 인간의 의도와 설계가 개입된 또 다른 인공적 시스템이 만들어지게 된다. 따라서 인간이 설계하고 통제한 자연 시스템은 본래의 자연과는 다른 가치를 지니게 된다. 진짜 자연은 자율적으로 발전하는 존재이지만, 복원된 자연은 인간의 목적 아래 만들어진 결과물이기 때문이다.[12]

반면에 인공물은 처음부터 인간의 의도와 설계를 바탕으로 만들어진다. 그러기 때문에 인공물의 가치는 그것이 얼마나 잘 설계된 목적을 달성하느냐에 따라 결정된다. 이런 관점에서 보면, 생태복원 프로젝트는 실제로 자연을 되살리는 것이 아니라, 인간이 계획한 '인공 시스템'을 만드는 일이라 할 수 있다. 이처럼 복원된 생태계는 인간의 목적을 위해 설계되고 만들어진 인공적인 산물, 즉 인간의 통제 아래 있는 자연의 모조품에 가깝다는 것이 캐츠의 주장이다.[13]

생태복원 프로젝트는 나름의 긍정적이고 중요한 목적을 내걸 수 있다. 예를 들어 오염으로 인한 환경 피해를 줄이거나, 홍수나 허리케인 같은 자연재해로 훼손된 지역을 복구하고, 역사적·문화적 가치가 있는 경관을 되살리거나, 주택 개발로 파괴된 습지를 복원하는 등의 목적을 들 수 있다. 이러한 목적들은 생태복원 정책을 정당화해 주는 근거로 자주 제시되며, 실제로 많은 사람들에게 설득력 있게 들린다.

12 Ibid., p.71 참조.

13 Ibid., p.72 참조.

그러나 캐츠는 이러한 생태복원 프로젝트들이 자연을 복원하는 것이 아니라고 단언한다. 이와 관련하여 그는 이렇게 말하고 있다.

> 이러한 활동은 결국 인공적인 시스템, 또는 기껏해야 자연물과 인공물이 섞인 '혼합(하이브리드) 시스템'을 만드는 것에 불과하다. 생태복원 프로젝트의 결과물을 자연의 복원이라고 부르는 것은, 내가 20년 전 도발적으로 선언했듯이 '큰 거짓말'에 해당한다.[14]

즉, 생태복원 사업은 본질적으로 자연을 되살리는 것이 아니라 인간이 설계한 인공물을 만들어 내는 행위이며, 그것을 '복원된 자연'이라고 부르는 것은 명백한 거짓말이라는 주장이다.

캐츠는 이러한 지적과 함께 생태복원 정책이 함의하고 있는 근본적 의미를 문제 삼는다. 생태복원의 이면에 놓인 그 의미를 제대로 발견하지 못하면, 인간이 자연환경에 미치는 영향의 정도를 이해할 수 없다는 이유에서이다. 이와 관련하여 그는 이렇게 말한다.

> 복원의 좋은 의도와 환경운동가, 환경과학자들의 노력에도 불구하고, 우리는 자연계를 점점 더 인간 중심적으로 바꾸고 있다는 사실을 깨닫지 못하고 있다. 인간이 환경을 형성하고 조작하는 힘을 계속 확장해가는 것은, 결국 자연을 지배하려는 인간의 오랜 프로젝트의 연장선상에

14 Ibid., p.72.

> 있다. …이 프로젝트는 인간과 구별되는 존재로서의 자연, 즉 '야생'이 가진 자율성을 파괴하려는 시도이다.[15]

생태복원 정책은 자연의 자율성을 파괴함으로써 마침내 인간이 자연 세계를 온전히 지배하려는 거대한 프로젝트의 일환으로 이해해야 한다는 주장이다. 캐츠의 관점에서 보면 인간의 이러한 자연 지배 프로젝트는 기본적으로 '자연보다 인간이 더 나은 결과를 만들어낼 수 있다'는 전제에 기반하고 있다. 이러한 전제 아래에서는 자연의 과정을 그대로 두기보다 인간이 이를 통제하고 조작함으로써 더 나은 환경을 조성할 수 있다고 여겨진다.

결국 이러한 사고방식이 반영된 환경정책에서는 '보존'과 '보호'라는 개념은 점차 사라지고, 대신 '조작', '수정', '통제'라는 개념이 중심이 된다. 캐츠는 이러한 세계에서는 보존과 보호의 개념이 더 이상 의미를 갖지 못하며, 인간의 자연 지배가 완성된 순간, '보존'이라는 말 자체가 무의미해진다고 비판한다.[16]

---

15 Ibid.

16 Ibid., 참조.

11
훼손된 자연 앞에서 우리는 어떤 책임을 져야 하는가?

이 장을 열며

11장에서는 환경철학자 라이트(Andrew Light)가 제시한 '환경실용주의적 생태복원론'을 다룬다. 라이트는 생태복원을 단순히 훼손된 자연을 되살리는 기술적 행위로 보지 않는다. 그에게 생태복원은 인간과 자연의 단절된 관계를 다시 잇는 윤리적 실천이며, 우리가 자연 앞에서 어떤 책임을 져야 하는가를 묻는 철학적 과제이기도 하다.

라이트는 먼저 엘리엇과 캐츠의 생태복원 비판을 검토한다. 두 철학자가 복원을 '인간이 만든 인공물'이라며 부정적인 시각을 견지한 반면, 라이트는 이들의 논리를 되짚으며 오히려 복원의 도덕적 정당성을 옹호한다. 그는 엘리엇의 논문 「자연 위조하기」에서 제시된 문제의식을 이어받아, 복원을 '악의적 복원'과 '호의적 복원'으로 구분한다.

전자는 개발 이익을 정당화하기 위한 복원, 즉 '파괴 후 복원'을 명분으로 한 위선적 행위이며, 후자는 진심으로 훼손된 생태계를 치유하고 회복하려는 실질적 노력을 뜻한다. 라이트는 이 '호의적 복원'이야말로 인간의 책임과 윤리가 드러나는 행위라고 말한다.

라이트는 또한 복원이 단순한 기술적 조작이 아니라 '자연의 자율성을 되찾도록 돕는 과정'이라고 본다. 인간이 모든 것을 통제하려는 '지배적 개입'이 아니라, 자연이 스스로 회복할 수 있도록 최소한의 지원을 제공하는 행위라는 것이다. 이러한 태도는 '인간의 개입은 곧 오만'이라 비판한 캐츠의 입장과 근본적으로 대비된다. 라이트에게 복원은 인간의 권력 과시가 아니라, 인간이 자연에 끼친 상처를 스스로 치유하려는 책임의 표현이다.

라이트는 나아가 복원이 지닌 세 가지 의미를 제시한다.

첫째, 복원은 훼손된 생태계에 다시 자율성을 회복할 기회를 부여한다.

둘째, 복원 과정은 인간이 자연과 다시 관계 맺는 도덕적·정서적 경험의 장을 제공한다.

셋째, 복원을 통해 인간은 자연의 복잡한 구조와 취약성을 더 깊이 이해하게 되며, 그 결과 자연에 대한 책임의식과 겸허함을 배울 수 있다.

결국 라이트의 환경실용주의는 "완벽한 복원은 불가능하더라도, 우리는 여전히 복원을 시도할 도덕적 의무가 있다"라는 믿음 위에 서 있다. 그에게 생태복원이란 단순히 '잃어버린 자연의 재현'이 아니라, '인간과 자연이 다시 서로를 돌보는 관계의 회복'이다.

이 장은 우리에게 묻는다. "우리가 자연을 완벽히 되돌릴 수 없더라도, 그것을 치유하려는 시도 자체마저 의미 없는 일일까?" 이에 대한 라이트의 대답은 분명하다. 바로 그러한 시도야말로 인간이 자연에 대해 취할 수 있는 가장 윤리적이고 책임 있는 응답이라는 것이다.

1. 엘리엇 주장에 대한 비판과 '호의적 복원'

라이트는 생태복원을 실용주의적인 관점에서 바라본다. 이러한 시각에서 그는 지금까지 많은 환경철학자들이 생태복원의 이론적·실천적 중요성을 제대로 이해하지 못했다고 비판한다. 그 이유는 대부분의 철학자들이 생태복원을 단순히 훼손된 자연을 되살리려는 시도로만 보고, 인간과 자연의 관계를 회복하려는 노력으로는 생각하지 않았기 때문이다.

예를 들어 캐츠를 비롯한 일부 철학자들은 "복원된 자연은 '진짜 자연'의 가치를 되찾을 수 없다"라고 주장한다. 그러나 라이트는 이러한 생각에 의문을 제기하며, 환경철학이 학문적 논의에만 머물러서는 안 된다고 말한다. 그는 환경철학이 실제로 환경정책과 보전 활동에 도움을 줄 수 있는 실천적 철학, 즉 '공공철학'이 되어야 한다고 강조한다.[1] 라이트가 생각하는 '환경실용주의'는 단순히 제임스

1 Andrew Light, "Ecological Restoration and the Culture of Nature: A Pragmatic Perspective," in Paul H. Gobster and R. Bruce Hull, eds., *Restoring Na-*

(William James), 퍼스(Charles Sanders Peirce), 듀이(John Dewey) 등의 미국 실용주의 철학을 응용하는 게 아니라, 정책에 직접 기여할 수 있는 공공적 철학이자 하나의 방법론이라 할 수 있다.[2]

라이트는 이러한 실용주의적 접근을 통해 철학자들이 생태복원에 건설적으로 참여할 수 있다고 본다. 그는 "생태복원은 인간에 의해 심하게 파괴된 생태계를 단순히 보존하는 것보다 훨씬 큰 이점을 지닌다"[3]라고 말한다. 또한 그는 복원이 단지 자연의 가치를 되살리는 문제를 넘어, 윤리적인 물음까지 제기한다는 점을 강조한다. 예를 들어, "복원 과정에 일반 시민들이 참여해야 하는 도덕적 이유가 무엇인가?"와 같은 물음이 그 예이다.

이러한 관점에서 라이트는 엘리엇과 캐츠의 주장에 비판을 가한다. 우선 그는 엘리엇의 논의부터 검토하면서, 생태복원을 두 가지 유형으로 구분한다. 흥미로운 점은 라이트의 이러한 구분이 복원에 비판적인 입장을 취하는 엘리엇의 논문 「자연 위조하기」에 기반하고 있다는 사실이다.

엘리엇은 자연 파괴를 정당화하기 위한 수단으로 사용되는 복원을 특히 위험하다고 본다. 그는 인간이 "자연을 파괴해도 복원을 통해 언제든 되돌릴 수 있다"는 생각을 비판하며, 이를 '복원테제'라고 부른다. 이 테제는 간단히 말해 "가치를 지닌 어떤 것을 파괴

---

ture(Washington, DC: Island Press, 2000), pp.50-51 참조.

2 Ibid., p.52 참조.

3 Ibid., pp.52-53.

하더라도, 나중에 그것과 동일한 가치를 지닌 대체물을 만들어내면 문제가 되지 않는다"라는 주장이다.[4]

엘리엇은 예술작품을 예로 들어 복원테제를 반박한다. 우리가 복제품을 원본과 같은 가치로 평가하지 않듯, 복원된 자연 역시 원래의 자연과 같은 가치를 지닐 수 없다는 것이다. 다만 여기서 주의할 것은, 엘리엇의 입장을 캐츠의 생각과 동일시해서는 안 된다는 점이다. 캐츠는 복원 자체가 불가능하다고 보지만, 엘리엇은 복원의 가치 자체를 부정하지는 않는다. 엘리엇은 오히려 "완전히 황폐한 땅을 인위적으로 더 풍요롭고 섬세한 생태계로 바꾸는 것은 좋은 일일 수 있다"[5]라고 말한다.

라이트는 이러한 엘리엇의 생각을 받아들여 복원을 두 가지로 구분한다. 곧, ① 악의적 복원(malicious restoration)과 ② 호의적 복원(benevolent restoration)이 그것이다.[6]

악의적 복원은 엘리엇이 말하는 '복원테제'에 해당한다. 즉, "자연은 복원할 수 있으니 파괴해도 괜찮다"라는 논리를 이용하여 자연 훼손을 정당화하는 복원이다. 예를 들어, 한 복원 전문기업이 A 강의 강바닥을 복원하기 위해 B 산의 정상 채굴 허가를 받는 경우를 생각해보자. 이때 B 산의 파괴는 'A 강 복원'이라는 명분으로

---

4 Ibid., p.53 참조.

5 Robert Elliot, "Faking Nature," *Inquiry: An Interdisciplinary Journal of Philosophy*, 25, no.1(1982), p.86.

6 Light, "Ecological Restoration and the Culture of Nature," p.54 참조.

정당화된다. 이런 식으로 복원이 자연 보호가 아니라 자연 파괴의 도구가 될 때, 그것은 악의적 복원이 된다.

이에 반해 호의적 복원은 자연을 해치는 행위를 정당화하려는 의도가 아닌, 이미 훼손된 자연을 진심으로 회복하려는 복원을 뜻한다. 이는 과거의 손상을 치유하려는 순수한 의도로 이루어진 복원이다.

라이트는 호의적 복원이 비록 원래의 자연을 그대로 되살리는 것이 아니며, 진품 예술작품보다는 복제품에 가까운 행위일지라도, 여전히 긍정적인 의미를 지닐 수 있다고 말한다. 그는 "만약 생태복원이 일종의 예술작품을 만드는 행위라면, 그것은 왜 '예술 위조'보다는 '예술 복원'과 더 비슷하지 않은가?"라는 질문을 던지며, 자연 복원의 의미를 좀 더 구체적으로 설명하려고 한다.

이를 위해 라이트는 복원(restoration)과 완화(mitigation) 프로젝트를 비교한다. 완화 프로젝트는 개발로 인해 파괴된 자연을 보상하기 위해 새로운 생태계를 인공적으로 조성하는 것을 의미한다. 예를 들어, 공사를 진행하면서 훼손된 습지를 대신하기 위해 다른 지역에 인공 습지를 만드는 경우가 이에 해당한다. 그러나 이러한 인공 생태계는 그 지역의 자연사(自然史), 즉 그 땅이 지닌 본래의 생태적 역사와 아무런 연속성도 갖지 않는다.

이와 반대로 복원 프로젝트는 해당 지역의 본래적인 생태적 역사와 연결된 회복을 목표로 한다. 예를 들어, 미국 서부의 여러 국립공원과 캐나다의 보호구역을 하나로 연결한 '야생지 프로젝트(Wildlands Project)'는 새로운 경관을 인공적으로 만드는 대신, 원래 존재하던 생태계의 온전성을 회복하려는 시도였다. 라이트는 이러한 사례를 통해, 복원은 위조품을 새로 만드는 행위가 아니라 손상된 예술작품을 세심하게 복구하는 행위에 더 가깝다고 주장한다.[7]

라이트의 엘리엇에 대한 비판은 독특한 측면이 있다. 그는 복원에 반대했던 엘리엇의 논리 속 약점을 활용하여 오히려 복원의 정당성을 옹호하고 있기 때문이다. 즉, 복원은 단순히 자연을 '위조'하는 행위가 아니라, 손상된 자연을 복구하려는 윤리적이고 바람직한 행위이기에 '호의적 복원'은 충분히 정당화될 수 있다는 입장을 취하고 있다.

2. 캐츠 주장에 대한 비판과 인간의 개입

라이트는 이어서 캐츠의 주장에 대해서도 분명한 반대 입장을 밝힌다. 캐츠에 따르면, 생태복원과 관련하여 두 가지 핵심 질문이 있다.

① 우리는 손상된 자연을 복원해야 할 도덕적 의무가 있는가?
② 우리는 실제로 손상된 자연을 복원할 능력이 있는가?

캐츠는 첫 번째 질문에 대해 "그럴 의무가 없다"라고 단언한다.

7 Ibid., pp.54-55 참조.

그 이유는 우리가 하는 생태복원이 자연 그 자체가 아니라 인간이 만든 인공물이기 때문이다. 즉, 복원은 인간의 시각에서 인간의 목적을 위해 만들어진 인간 중심적 활동이라는 것이다. 따라서 그는 '복원할 능력이 있는지의 여부'는 논할 가치조차 없다고 본다. 요약하면, "우리는 할 수 없는 일을 할 의무가 없다"라는 것이 캐츠의 결론이다.[8]

하지만 라이트는 여기에 동의하지 않는다. 그는 "설령 캐츠의 말이 옳아서 우리가 자연을 완전히 복원할 수 없다 하더라도, 여전히 우리는 복원을 시도해야 할 도덕적 의무를 가질 수 있다"라고 주장한다. 이 주장을 뒷받침하기 위해 라이트는 먼저 캐츠의 논리를 세밀하게 분석하며 비판한다.

라이트는 캐츠의 복원 관련 논문을 검토한 결과, 그의 주장은 다섯 가지 논증(KR1~KR5)[9]으로 정리될 수 있다고 말한다.[10] 물론 이 다섯 가지 논증은 모두 생태복원에 반대하는 이유를 담고 있다.

그중 첫 번째 논증(KR1)은 '기만 논증'이다.

캐츠는 "기술적으로 만들어진 자연이 진짜 자연인 것처럼 여겨지는 현실에 나는 분노한다"[11]라고 말한다. 생태복원의 실상을 들

---

8 Ibid., p.56 참조.

9 라이트가 언급하고 있는 KR1~KR5에서 'KR'은 'Katz's Restoration argument, 즉 'Katz의 복원 논증(Katz's Restoration)'을 줄여 표기한 것이다.

10 Ibid., pp.56-57 참조.

11 Eric Katz, *Nature as Subject: Human Obligation and Natural Community*(Lanham: Rowman & Littlefield, 1997), p.97.

여다보면 인위적 기술로 조성된 자연임에도 이를 마치 진정한 야생 자연인 것처럼 기만하고 있는 작태에 분노한다는 비판이다.

두 번째 논증(KR2)은 오만 또는 교만 논증이다.

캐츠는 "인간이 기술의 힘으로 자연을 창조할 수 있다고 믿는 태도 자체가 인간의 오만함을 보여준다"[12]라고 말한다. 즉, 인간이 "자연이 훼손되더라도 인간의 기술로 얼마든지 다시 만들 수 있다"라고 생각하는 것은 인간이 자연보다 우월하다고 믿는 교만한 사고 방식을 드러낸다는 것이다.

세 번째 논증(KR3)은 인공물 논증이다.

캐츠는 "복원 프로젝트의 결과로 만들어지는 자연환경은 결국 인간이 사용하기 위해 만든 인공물에 불과하다"[13]라고 주장한다. 즉, 복원은 인간이 특정 목표를 가지고 의도적으로 수행하는 행위이기 때문에, 그 결과물 역시 필연적으로 자연이 아닌 인간이 만든 산물이라는 것이다.

네 번째 논증(KR4)은 지배 논증이다.

캐츠는 '자연을 재설계하고 복원하려는 시도는 자연의 자율성을 침해하는 인간의 지배 행위'라고 본다. 이와 관련하여 그는 이렇게 말한다.

---

12 Ibid.

13 Ibid.

> 자연 세계와 자연적 대상을 재창조하거나 복원하려는 시도는 자연 과정에 대한 급진적인 개입을 의미한다. 이런 모든 프로젝트는 자연의 조작과 통제를 포함하며, 인간의 이익을 창출하기 위한 것이다.[14]

즉, 생태복원은 자연이 스스로 작동할 자유를 빼앗고 인간 중심적으로 변형시키는 행위라는 주장이다. 이런 맥락에서 캐츠는 "생태복원은 결국 자연을 통제하려는 인간 권력의 오만한 믿음을 드러낼 뿐이다"[15]라고 비판한다.

다섯 번째 논증(KR5)은 대체 논증이다. 캐츠는 "복원이 이전의 자연을 완벽히 대체할 수 있다고 생각한다면, 인간은 자연을 마음대로 이용하거나 파괴할 수 있게 된다"[16]라고 경고한다. 즉, 복원이 가능하다는 믿음은 '자연은 언제든 대체할 수 있다'는 잘못된 인식을 낳고, 그 결과 자연이 지닌 고유한 가치가 사라지며 보호받지 못하게 된다는 것이다.

라이트는 이 다섯 가지 논증 모두에 동의하지 않는다. 특히 그는 이 중에서도 '지배 논증(KR4)'을 가장 중요한 쟁점으로 보고, 이후 논의에서 집중적으로 반박한다. 그 이유는 이 논증이 캐츠의 생태복원 비판에서 가장 자주 등장하는 핵심 논지이기 때문이다.

---

14 Ibid., p.105.

15 Eric Katz, "The Problem of Ecological Restoration," *Environmental Ethics*, 18(1996), p.222.

16 Katz, *Nature as Subject*, p.113.

캐츠의 주장에 따르면, 인간이 복원이라는 이름으로 자연을 새롭게 창조하려는 모든 시도는 결국 자연을 지배하려는 행위에 해당한다. 그가 보기에 '진정한 복원이란 인간의 개입 없이 자연이 스스로 회복하고 발전하도록 내버려두는 것'이다.[17] 즉, 인간이 특정 지역을 인위적으로 복원하면서 그것이 더 유익하다고 생각하는 태도 자체가 이미 자연을 이용하고 통제하려는 인간의 지배 의식을 드러낸다는 것이다. 캐츠에게 복원이란, 인간이 손상시킨 자연이 스스로 회복할 수 있도록 자유를 돌려주는 행위이다.

예를 들어, 인간의 활동으로 심하게 훼손된 토양을 생각해보자. 그 토양은 외래식물의 침입으로부터 보호되어야만, 그 땅의 토착식물들이 다시 자생할 기회를 얻을 수 있다. 즉, 복원이란 인간이 모든 것을 통제하는 것이 아니라, 자연이 스스로 제 기능을 되찾을 수 있도록 최소한의 도움만 주는 것이다. 결국 캐츠에게 복원이란, 인간의 개입을 가능한 한 배제하고 자연이 자율적으로 회복하도록 내버려두는 것이다.

하지만 라이트는 이런 캐츠의 생각에 의문을 제기하며 이렇게 묻는다.

> 설령 캐츠의 주장처럼 복원이 인공적인 결과를 낳는다고 하더라도, 인간의 개입을 완전히 배제하는 것이 정말로 자연에 도움이 된다고 할

---

17 Light, "Ecological Restoration and the Culture of Nature," p.58.

수 있을까?[18]

라이트는 '자연스럽다'라는 이유만으로 인간의 개입을 전적으로 배제할 필요는 없다고 본다. 예를 들어, 지리산에서 반달곰의 개체 수가 지나치게 늘어나 생태계 균형이 무너진 상황을 생각해보자. 이때 제한적인 사냥을 통해 개체 수를 조절한다면, 오히려 인간의 개입이 자연의 균형을 회복하는 데 도움이 될 수도 있다. 따라서 라이트는 복원을 단순히 '인간의 간섭'으로 보는 것은 잘못이라고 지적한다.

그는 오히려 적절한 복원 활동이 자연의 회복을 돕는 중요한 수단이 될 수 있다고 강조한다. 즉, 인간의 개입이 항상 나쁜 것은 아니며, 경우에 따라 자연을 치유하는 데 꼭 필요한 역할을 할 수도 있다는 것이다.

3. 생태복원의 세 가지 실천적 의미

앞서 살펴본 논의를 바탕으로 라이트는 생태복원이 지니는 핵심적 함의를 세 가지로 제시하며, 이를 통해 생태복원의 가치를 적극 옹호하고 있다.[19]

---

18 Ibid., p.59.

19 Ibid., pp.65-66 참조.

첫째, 복원된 자연이 실제 자연이 아닌 인공물이라는 점을 인정하더라도, 복원은 자연이 인간이 가했던 제약에서 벗어나 스스로 회복할 수 있는 기회를 제공한다. 즉, 복원을 통해 자연은 다시 자율성을 회복할 수 있는 가능성을 얻는 것이다. 많은 복원 프로젝트는 완전히 새로운 자연을 인위적으로 만들어내기보다는, 자연이 스스로 회복하도록 돕는 보조 역할에 가깝다.

둘째, 복원이 인공적인 결과물이라 하더라도 그 모습은 진짜 자연과 놀라울 만큼 닮아있다. 이 말은 복원이 사람들을 속일 만큼 완벽하다는 뜻이 아니라, 오히려 복원 과정이 사람들에게 자연과 직접 교감할 기회를 제공한다는 의미이다. 이러한 경험은 사람들이 자연에 대한 애정과 책임감을 되찾는 데 도움을 준다. 즉, 복원 과정에서 인간의 기술이 사용된다고 하여 그것이 자연과의 관계 회복을 방해하는 것은 아니라는 의미이다.

셋째, 캐츠는 복원이 자연을 인공적으로 만들어 인간의 지배력을 강화한다고 비판하지만, 라이트는 오히려 복원이 자연을 더 깊이 이해하게 하는 계기가 된다고 본다. 곧, 복원을 통해 우리는 인간이 자연에 가한 피해의 복잡한 구조를 더 잘 인식하게 되고, 그 문제를 해결하기 위한 과학적·생태학적 지식을 축적할 수 있다는 것이다.

예를 들어, 토양의 생물학적 활성화 과정을 복원하려는 연구는 인간이 생태계에 끼친 피해의 복잡성을 더 정확히 파악하게 해준다. 나아가 이런 지식은 단순히 손상된 환경을 되돌리는 데 그치지 않고, 앞으로 비슷한 파괴를 예방해야 하는 이유를 명확히 이해하도록 돕기도 한다.

이처럼 라이트는 복원이 자연을 지배하거나 통제하는 행위가 아니라, 오히려 자연의 자율적 회복을 지원하는 과정이라고 본다. 또한 그는 복원이 단순히 환경을 물리적으로 복구하는 데서 끝나는 것이 아니라, 인간과 자연의 관계를 회복하고, 자연에 대한 이해와 책임의식을 심화시키는 행위라고 평가한다.

12
생태복원, 인간의 개입인가 자연의 자율인가?

이 장을 열며

환경실용주의와 생태복원은 매우 긴밀한 관계에 있고, 이 둘을 연결시키는 대표적인 철학자가 라이트이다. 그에게 생태복원이란 인간이 자연을 지배하거나 인공적으로 조작하는 행위가 아니라, 자연의 자율적 회복을 돕는 도덕적 행위이자 인간과 자연의 관계를 회복하는 실천적 과정이다. 반면에 엘리엇과 캐츠는 생태복원을 인간의 또 다른 지배 행위로 보고, '복원된 자연은 가짜 자연'이라 맹비판한다. 복제된 예술작품이 원작의 고유한 가치와 시간을 담아낼 수 없듯, 인위적으로 복원된 자연 또한 본래의 생태적 의미를 재현할 수 없다는 것이다.

이 장은 이러한 찬·반 논쟁을 단순한 대립 구도로 머물게 하지 않고, 두 가지 조율의 가능성을 모색한다.

첫째는 '생태복원의 개념 정립'을 통한 조율이다. 생태복원이란 훼손된 생태계를 원래의 건강한 상태로 되돌리거나 기능을 회복시키는 활동으로, 단순한 기술적 재현이 아니라 생태계의 자율적 회복을 지원하는 과정임을 강조한다. 복원, 복구, 대체 등 여러 유형 가운데 현실적으로 가장 타당한 것은 생태적 기능 회복을 중시하는 '복구'에 가깝다. 따라서 복원가는 마치 의사가 환자의 회복을 돕듯, 생태계가 스스로 치유할 수 있도록 환경을 조성하는 조력자이며, 진정한 복원의 주체는 자연 그 자체임을 확인한다. 이 관점에서 볼 때, 복원은 자연을 지배하는 행위가 아니라 자연의 자율성과 회복력을 존중하고 강화하는 행위로 재정의된다.

둘째는 '통합적 자연관의 모색'을 통한 조율이다. 찬·반 양측의 입장 차이는 결국 자연을 바라보는 관점의 차이에서 비롯된다. 반대 측은 인간의 개입이 없는 순수한 '원생자연'을 진정한 자연으로 여기지만, 찬성 측은 인간과 자연이 분리될 수 없는 공존의 관계에 있다고 본다. 그러나 현대 사회에서 인간의 영향이 전혀 미치지 않은 자연은 거의 존재하지 않는다. 이에 저자는 이러한 이분법을 넘어선 새로운 관점을 제시한다. 그것이 바로 '야생적 정원'으로서의 자연관이다.

이 자연관은 자연을 인간의 손길이 닿았더라도 여전히 살아 있는, 스스로 변화하고 회복하는 존재로 본다. 자연 보호의 목적은 과거의 원형 재현이 아니라 생태계의 다양성과 기능의 지속적 유지, 그리고 인간과 자연의 책임 있는 공존에 있다. 인간은 더 이상 자연의 지배자가 아니라, 그 안에서 균형을 조율하는 참여자이자 동반자로 자리한다.

결국 이 장은 생태복원을 둘러싼 찬반 논쟁을 넘어, 생태복원을 자연의 회복력을 돕는 '조력의 과정'으로 재해석하고, 인간과 자연의 관계를 '야생적 정원'이라는 통합적 자연관 속에서 새롭게 조명함으로써, 양측의 입장을 아우를 수 있는 철학적 합의의 가능성을 제시한다.

---

1. 생태복원의 쟁점: 지배인가, 회복인가

생태복원을 둘러싼 쟁점은 다음과 같이 정리할 수 있다.

• 반대 입장 : 생태복원은 자연에 대한 인간의 억압이자 지배이다.
• 찬성 입장 : 생태복원은 자연이 스스로 회복할 수 있도록 돕는 보조적 수단이다.

양 입장의 주요 내용을 살펴보면 다음과 같다. 먼저 반대 입장이다.

복제된 예술작품이 원작의 가치를 그대로 재현할 수 없듯, 복원된 자연도 원래 자연의 가치를 재현할 수 없다. 예술의 원작은 창작자의 고유한 해석과 손길, 그리고 시간 속에서 형성된 역사적 가치가 담겨 있지만, 복제품에는 이러한 요소가 없다. 마찬가지로, 자연 역시 고유한 역사와 가치를 지니지만, 복원된 자연에서는 그 본래의 흔적을 찾아보기 어렵다.

또한 복원 행위는 도덕적 문제를 일으킬 수 있다. 복원된 자연이 진짜 자연으로 여겨진다면, 사람들은 "자연은 언제든 복원할 수 있다"는 잘못된 믿음을 갖게 된다. 이러한 생각은 결과적으로 인간의 자연 지배를 정당화하고 강화하는 논리로 이어질 수 있다. 그러기 때문에 복원된 자연은 '가짜 자연'이며, 그것을 자연이라고 부르는 것은 일종의 자기기만, 즉 '큰 거짓말'이 된다.

다음은 찬성 입장이다.

복원된 자연이 인공물이라 하더라도, 복원은 자연을 인간의 억압에서 해방시키는 과정이 될 수 있다. 복원을 통해 자연은 인간이 가한 손상과 통제에서 벗어나 스스로 회복할 수 있는 기회를 얻게 되기 때문이다. 또한 복원 과정에서 사람들은 동식물과 직접 교감하며 자연에 대한 애정과 책임감을 되찾을 수 있다. 즉, 복원은 단순히 환경을 '다시 만드는 기술 행위'가 아니라, 인간과 자연의 관계를 회복시키는 과정으로 이해할 수 있다는 것이다.

더 나아가 복원은 인간이 자연에 미친 해악이 얼마나 복잡한지 깨닫게 해준다. 이러한 경험을 통해 사람들은 왜 자연을 파괴하지 말아야 하는지, 그리고 어떤 방식으로 자연과 공존해야 하는지를 학습하게 된다.

2. 생태복원 논쟁의 조율

1) 생태복원의 개념 정립

이제 남은 과제는 생태복원을 둘러싼 찬·반 양측의 주장을 어떻게 조화시킬 것인가에 대한 대안을 모색하는 일이다. 이를 위해서는 먼저 '생태복원'의 개념 자체에 대한 명확한 이해가 필요하다고 본다.

생태복원이란 훼손되거나 파괴된 생태계를 본래의 건강한 상태로 되돌리거나 회복시키는 활동을 말한다. 즉, 인간의 개발이나 재해로 인해 손상된 자연환경을 복원하여 생태계의 기능과 생물다양성을 회복하는 것을 그 목표로 한다. 하지만 여기서 중요한 의문이 제기된다. 그것은 "과연 생태복원이 손상된 생태계를 완벽히 이전 상태로 되돌릴 수 있을까?" 하는 물음이다. 이론적으로는 가능할지 몰라도, 실제로는 많은 한계와 변수가 존재한다.

그래서 학자들은 복원을 그 정도에 따라 몇 가지 유형으로 구분하기도 한다. 대표적인 구분은 다음과 같다. 곧, 방치(자연적 과정), 복원, 복구(회복), 대체(개선)이다.[1]

이 중 방치 기법은 훼손된 생태계를 그대로 둠으로써 생태계의 자체적 회복력에 의해 원래 상태로 돌아가도록 유도하는 방식이다. 이 기법의 핵심은 생태계의 자체적인 복원력을 활용하는 것이지만 반드시 긍정적 결과를 보장하는 것은 아니다. 훼손된 생태계를 그대로 방치했을 때 자연은 스스로 원래 상태를 회복하기도 하지만, 역으로 상태가 더욱 나빠져 산사태나 침식과 같은 2차 피해를 낳을 수도 있기 때문이다. 따라서 방치 기법은 무조건적으로 적용할 것이 아니라, 그 생태계가 스스로 회복할 가능성이 충분한지를 먼저 진단한 후에 사용해야 한다.

---

1 조동길, 『생태복원 계획·설계론』(서울: 넥서스, 2011), 26-27쪽 참조.

복원은 훼손된 생태계를 본래의 상태로 되돌리는 것을 의미한다. 하지만 현실적으로 자연생태계를 완전히 원래 모습으로 복원하는 것은 거의 불가능하다. 자연생태계는 오랜 시간에 걸쳐 형성된 복잡한 체계이기 때문이다. 또한 한 번 훼손된 생태계는 어떤 기술을 동원하더라도 짧은 시간 안에 원래 상태로 되돌리기 어렵다. 무엇보다 자연은 애초에 고정된 실체가 아니라 끊임없이 변화하는 과정 그 자체이기 때문이다.

복구(회복)는 복원이 거의 불가능하다는 현실을 감안하여, 훼손 이전의 상태와 가장 비슷한 수준으로 생태계를 되돌리는 것을 말한다. 즉, 완벽한 복원은 아니지만 기능적으로나 생태적으로 가능한 한 근접하게 회복하는 것을 목표로 한다. 이 때문에 복구는 부분적 복원이라고도 불리며, 우리가 일반적으로 생각하는 가장 실현 가능성이 높은 복원 방식이다.

끝으로 대체(개선)는 원래의 생태계를 물리적으로 되돌릴 수 없을 때 적용된다. 이 경우, 생태적 기능만이라도 다른 방식으로 되살리는 것을 목표로 한다. 예를 들어, 도로 개발로 인해 기존의 습지가 사라졌다면, 다른 지역에 새로운 습지를 조성하여 기존 습지가 수행하던 기능을 대신하도록 하는 것이 이에 해당한다.

위의 여러 유형 중에서도 특히 주목해야 할 것은 복원과 복구이다. 두 용어는 종종 혼용되지만 실제로는 중요한 차이가 있다.

- 복원은 원래의 상태로 되돌리는 것에 초점을 둔다. 곧 복원은

물리적, 원본적, 역사적 원형을 최대한 재현하는 과정이라 할 수 있다.

- 복구는 원래의 형태보다는 생태적 기능을 회복하는 데 초점을 둔다. 손상된 생태계를 다시 활용할 수 있도록 만드는 과정을 강조하므로 원래 상태를 완벽히 재현할 필요는 없다. 복원이 과거의 원형 재현을 중시한다면, 복구는 현재의 실용성과 기능 회복을 중시하기 때문이다.

이러한 의미 차이는 다음의 사례를 통해 쉽게 이해할 수 있다.

- 골동품 자동차는 복원할 수 있지만, 복구할 수는 없다.
- 반대로 훼손된 생태계는 생태적 기능과 과정을 재개할 수 있도록 복구할 수 있지만, 완전한 의미의 복원은 불가능하다.[2]

생태계의 과거 모습을 아무리 열심히 재현한다 해도, 우리는 단지 그때의 모습을 모방할 수 있을 뿐, 생태계를 과거로 되돌릴 수는 없다. 이는 생태계가 끊임없이 변화하는 생명체들로 구성되어 있고, 생명체는 과거로 이동하지 않기 때문이다.[3] 따라서 엄밀히 말하면 생태복원보다 생태복구라는 표현이 더 적합하다 할 수 있다. 그

---

2 Andre F. Clewell, James Aronson(조동길 외 역), 『생태복원』 제2판(서울: 넥서스, 2015), 117-118쪽 참조.

3 위의 책, 30쪽 참조.

러나 이미 생태복원이 보편적 용어로 굳어진 상태라 이를 대체하기는 무리인 상황이다.

생태복원 실무자의 역할은 마치 의사가 환자의 회복을 돕는 일과 비슷하다. 의사가 치료와 보살핌을 통해 환자가 스스로 치유할 수 있도록 돕듯이, 복원가는 생태계가 자율적으로 회복할 수 있도록 지원하는 역할을 한다. 이러한 지원을 통해 생태계는 점차 스스로 기능을 회복하고, 외부의 교란에 저항하며 자립할 수 있는 역동적인 체계로 발전해간다. 이후에는 외부의 교란에 맞서 스스로 균형을 유지할 수 있는 복원력(resilience)을 갖추게 된다.

결국 생태복원의 목적은 단순히 과거의 자연을 되살리는 것이 아니라, 자연이 지속적으로 미래를 향해 나아갈 수 있도록 돕는 것이다. 이는 과거의 생태계를 그대로 복제하는 일이 아니라, 자연의 연속성과 자율성을 회복하는 과정이라 할 수 있다.[4]

국제생태복원학회의 생태복원 개념 정의 또한 같은 맥락에 있다. 이에 따르면 생태복원이란 "훼손되거나 손상된 생태계의 회복을 돕는 과정"[5]이다. 즉, 복원에서 인간의 역할은 보조적이며, 진정한 복원의 주체는 생태계 자체라는 것이다. 실제로 복원 과정에서 대부분의 회복은 식물, 동물, 미생물 등 생물체의 자율적 활동을 통해 이루어진다. 인간이 할 수 있는 일은 이 생물들이 스스로 복원

---

4 위의 책, 28-30쪽 참조.

5 The SER International Primer on Ecological Restoration, p.3 (https://www.ctahr.hawaii.edu/littonc/PDFs/682_SERPrimer.pdf).

할 수 있도록 돕는 조력자 역할에 불과하다. 예를 들어 훼손의 원인을 제거하거나, 생태적 과정이 다시 작동하도록 생물적·물리적 환경을 조성하고, 생물과 환경 간의 정상적인 상호작용을 촉진하는 것 등이 이에 해당한다.[6]

미국의 생태학자 윌리엄 조던 3세(William Jordan Ⅲ, 1944~)[7] 또한 유사한 견해를 피력하고 있다. 그에 따르면 생태복원은 '스스로 조직화하는 자연, 예측 불가능한 야생 자연과의 지속적인 대화'이다.[8] 이런 의미에서 그는 복원은 길들이기가 아니며, 그럴 필요도 없다는 점을 강조한다.

그에 따르면 복원 활동은 단순히 자연의 패턴과 형태, 구조를 모방하는 것이 아니라, 가장 사납고 예측할 수 없으며, 거칠고 심지어 화재나 홍수처럼 위험한 자연의 과정을 수용하고 때로는 그 과정에 참여하려는 시도를 가리킨다. 이러한 맥락에서 그는 복원은 길들이기와 반대되는 것으로 오히려 자연에 맡기거나 자연에 맡기려는 시도라고 말한다.[9] 생태복원이란 오로지 인간 중심적 입장에

---

6 Clewell, Aronson, 『생태복원』, 119쪽 참조.

7 1981년 *Restoration and Management Notes*(현 *Ecological Restoration*) 저널을 창간하고 편집장을 역임했으며, 국제생태복원학회(SER)의 창립 멤버이기도 하다. 현재 그는 생태복원 분야에서 가장 영향력 있는 저술가이자 세계적 리더로 평가된다. 또한 그는 생태복원을 단순한 생태계의 기술적 회복이 아니라, 인간과 자연, 그리고 지역 공동체의 관계를 새롭게 정립하는 윤리적·문화적 실천으로 이해한다. (https://en.wikipedia.org/wiki/William_R._Jordan_III).

8 William R. Jordan Ⅲ, "Restoration, Community, and Wilderness," in Paul H. Gobster and R. Bruce Hull, eds., *Restoring Nature*(Washington, DC: Island Press, 2000), p.27 참조.

서 자연을 길들이는 것이 아니라 오히려 자연의 자율성을 존중하며 이를 회복하는 과정으로 이해해야 한다는 의미이다.

생태복원의 개념을 올바로 이해하면, 이를 반대할 명분은 크게 약화된다. 반대 측은 생태복원을 명분으로 자연에 인위적으로 개입하는 행위 자체를 거부한다. 그 근본적 이유는 이러한 개입이 자연의 자율성을 침해한다고 보기 때문이다. 그러나 생태복원의 핵심은 자연의 자율성을 침해하는 것이 아니라, 오히려 자연이 본래의 기능을 회복할 수 있도록 돕는 데 있다. 이는 손상된 생태계가 스스로 회복력을 발휘할 수 있도록 지원하는 과정이지, 인위적으로 조작하거나 대체하는 행위가 아니다. 따라서 이러한 관점에서 보면 반대 측의 논리는 설득력을 잃게 된다.

한편 찬성 측은 위에서 제시한 생태복원의 개념을 수용하는 데 무리가 없을 것으로 판단된다. 그들은 생태복원을 인간과 자연이 조화롭게 공존하기 위한 필수적인 과정으로 보고, 자연을 단순히 보호해야 할 대상이 아니라 인간의 삶과 긴밀하게 연결된 존재로 이해한다. 생태복원은 단순한 환경 개선을 넘어 인간과 자연이 지속적으로 상호작용하며 공생할 수 있도록 돕는 실천 행위라는 점에서 찬성 측의 기본 입장과 부합한다고 볼 수 있다.

요컨대 생태복원은 과거의 모습을 인위적으로 재현하려는 시도가 아니라, 훼손된 생태계가 본래의 기능을 회복할 수 있도록 돕는

9 Ibid., p.29 참조.

과정이다. 이는 마치 의사가 환자로 하여금 스스로 건강을 되찾을 수 있도록 치료를 통해 지원하는 것과 유사하다. 이러한 관점에서 볼 때 생태복원은 자연의 자율성을 침해하는 것이 아니라, 오히려 자연의 회복력을 존중하고 강화하는 행위이다. 따라서 이는 찬·반 양측이 공통의 이해를 바탕으로 합의점을 모색할 수 있는 조율의 가능성을 제시할 수 있을 것으로 본다.

2) 통합적 자연관의 모색: '야생적 정원'

생태복원의 찬·반 입장을 조율할 수 있는 두 번째 대안은 양측의 상이한 자연관에 대한 재해석을 통해 새로운 통합적 자연관을 모색하는 일이다.

생태복원 반대 측이 자연에 대한 인위적 개입을 거부하는 배경에는 특정한 자연관이 자리 잡고 있다. 먼저 그들은 '자연은 인간과 독립적으로 존재하며, 인간의 개입이 없이도 스스로 조화를 이루는 자정능력이 있다'고 믿는다. 그들에게 있어서 생태복원이라는 명목으로 인간이 자연에 개입하는 것은 오히려 자연 생태계의 자연스러운 흐름을 방해하는 행위가 될 뿐이다. 자연은 있는 그대로 보존되어야 하며, 인간이 이를 조작하거나 복원하려는 시도는 자연의 순수성을 훼손하는 행위로 간주되는 것이다. 특히 반대 측은 원생자연(wilderness)의 개념을 중시함으로써, 자연에 전혀 손을 대지 않는 것이 최선이며, 기존 자연을 있는 그대로 보존하는 것이 매우 중요하다고 본다.

생태복원 찬성 측 주장의 이면에도 그들만의 자연관이 자리 잡고 있다. 찬성 측은 자연을 인간과 완전히 분리된 '독립적 존재'가 아닌, 인간과 함께 살아가는 공생적 존재로 이해한다. 그들은 자연과 인간의 삶이 서로 긴밀하게 연결돼 있으며, 인간의 삶의 질을 높이는 방식의 복원은 필요하다고 본다. 곧, 생태복원은 자연을 보호하는 동시에 인간이 자연을 이용하고 혜택을 누릴 수 있도록 하는 과정이라는 입장이다.

결국 찬·반의 대립은 서로 다른 자연관에서 비롯하는 것으로 판단된다. 반대 측은 자연을 인간의 손길이 전혀 닿지 않은 '순수한 원생자연'으로 보는 반면, 찬성 측은 자연을 인간과 분리할 수 없는 '공존의 대상'으로 본다. '원생자연 중심 자연관'에서는 인간이 전혀 개입하지 않은 '야생 상태의 자연'만이 진정한 자연으로 여겨진다. 예를 들면 남극 내륙의 일부 지역, 심해 해구, 열대우림의 일부, 극지방의 빙하, 태평양 해저 등이 여기에 포함된다. 반면에 '공존적 자연관'에서는 인간의 손길이 닿았더라도 여전히 자연적 요소가 남아 있다면 모두 자연으로 간주된다. 예를 들면 도시공원, 농경지, 보호구역 등이 이에 해당한다.

여기서 주목해야 할 점은, 오늘날 인간의 영향이 전혀 미치지 않는 자연은 거의 없다는 사실이다. 인간의 활동이 지구 곳곳에 영향을 미치면서, 이제 자연과 인공의 경계는 점점 모호해지고 있다. 이러한 맥락에서 환경과학 저술가 매리스(Emma Marris, 1979~)[10]의 주장은 중요한 시사점을 제공해준다.

그에 따르면 자연의 범위는 우리가 일반적으로 인식하는 것보다 훨씬 더 넓게 정의될 수 있다. 일반적으로 사람들은 자연이라 하면 신중하게 관리되는 국립공원, 광활한 북방림, 무인의 북극 지역과 같은 장소를 떠올린다. 하지만 매리스는 자연은 이러한 전형적인 공간에 국한되지 않으며, 우리가 생활하는 주변 곳곳에서도 충분히 발견될 수 있다고 주장한다.

예를 들어 집 정원의 야생조류, 맨해튼 5번가를 날아다니는 벌, 조림지의 나무, 도시 강변의 블랙베리나 나비 덤불, 길가의 꾀꼬리, 들판의 메추라기, 잡초와 덤불로 뒤덮인 버려진 밭, 외래종 식물들로 우거진 정글, 멋지게 디자인된 조경정원, 녹색 지붕, 고속도로의 중앙분리대, 심지어 아마존 오지의 500년 된 과수원이나 쓰레기장에서 싹을 틔운 아보카도 나무까지도 자연의 일부라는 것이다.[11] 즉, 자연은 '우리와 떨어진 어딘가'에 있는 것이 아니라, 바로 우리 주변 어디에나 존재한다는 주장이다.

---

10 미국의 과학저술가이자 환경 및 보전 담론의 혁신적 사상가로 알려져 있다. 그는 저서 『야생적 정원: 야생이 사라진 시대의 자연 구하기』(*Rambunctious Garden: Saving Nature in a Post-Wild World*)에서 '인간의 손길이 닿지 않은 순수한 자연'이라는 신화를 비판하며, 변화된 지구환경에서는 보전의 목표가 과거의 복원이 아니라 미래지향적 적응과 인간·자연의 공존이어야 한다고 주장한다. 그는 또한 '새로운 생태계(novel ecosystems)'와 '재야생화(rewilding)'라는 개념을 통해, 인간이 자연의 일부로서 능동적 관리자이자 공동의 창조자가 되어야 한다는 관점을 제시한다. 그의 사상은 보전의 기준을 '자연의 원형 유지'에서 '생명과 생태계의 지속 가능한 역동성'으로 전환하며, 현대 환경윤리 담론에 실천적인 전환점을 마련한 것으로 평가받는다.

11 Emma Marris, *Rambunctious Garden: Saving Nature in a Post-Wild World*(New York: Bloomsbury USA, 2011), pp.1-2 참조.

더불어 매리스는 어느 곳에 있는 자연이든 모든 자연에는 공통된 특징이 있다고 말한다. 공통된 특징이란 '인간의 손길이 닿지 않은 곳은 없다'는 점이다. 오늘날 지구상에는 인간의 영향을 전혀 받지 않은 완전한 황야는 존재하지 않는다. 우리는 지난 수천 년 동안 우리의 삶의 터전을 끊임없이 변화시켜 왔고, 그 결과 변화의 범위는 말 그대로 지구 전체로 확대되었다. 매리스는 이렇게 말한다. "심호흡을 해보자. 당신이 지금 들이마시는 공기에는 1750년에 비해 36% 더 많은 이산화탄소가 들어 있다. 우리는 이제 원래대로 돌아갈 수 없다."[12] 지난 수천 년 동안 인류는 지구 생태계에 유례없는 변화를 불러왔고, 인간의 손길이 미치지 않은 순수한 야생지는 발견할 수 없으며, 또 과거로 돌아갈 수도 없다는 주장이다.

독일 철학자 크렙스(Angelika Krebs, 1961~)[13] 역시 같은 맥락의 주장을 펴고 있다. 그는 자연의 개념을 지나치게 제한적으로 정의

---

12 Ibid., p.2.

13 그는 자연의 내재적 가치를 분석적으로 체계화한 연구로 잘 알려져 있다. 그에 따르면 자연의 가치를 이분법적 구도로 파악하는 기존 논의는 적절하지 않다. 다시 말해 자연에 내재적 가치가 '있다/없다'를 둘러싼 형이상학적 공방이나, 인간중심주의와 비인간중심주의의 대비만으로는 자연의 가치를 충분히 설명할 수 없다는 것이다. 대신 그는 자연의 가치를 이해하려면 인간이 자연과 맺는 감정적·관계적·경험적 차원을 주목해야 한다고 강조한다. 예컨대 우리가 자연을 마주할 때 느끼는 경외, 평온, 애착, 연대감과 같은 정서적 반응은 자연을 가치 있는 대상으로 인식하게 만드는 중요한 기반이 된다. 자연의 가치는 자연 그 자체에 고정된 성질이라기보다, 인간이 자연과 맺는 관계 속에서 정서와 경험을 통해 드러나는 의미라는 것이다. 결국 그는 자연의 가치를 추상적·형이상학적 범주에 가두기보다, 인간과 자연의 실제적 관계 맥락 속에서 경험적으로 이해해야 한다고 주장한다. 이런 관점은 자연의 가치를 추상적·형이상학적 논쟁(내재적 가치 논쟁)에서 해방시키고, 구체적 경험과 관계의 장 속에서 재구성하려는 시도로 평가할 수 있다.

하는 것을 경계한다. 이러한 관점에서 그는 '순수한 자연'뿐 아니라 '경작된 자연(인간이 손을 댄 자연)'도 환경윤리의 관심 대상으로 삼아야 한다고 주장한다. 이 주장을 개념적으로 정리하기 위해 그는 '자연과 인공물의 스펙트럼'을 구성한다.

이 스펙트럼의 한쪽 끝에는 인간의 손길이 거의 닿지 않은 '순수한 자연(사막, 높은 산맥, 심해)'이, 다른 한쪽 끝에는 완전히 인공적인 '순수한 인공물'이 위치한다. 그리고 그 중간에는 자연과 인공물이 섞인 다양한 형태의 공간이 놓인다. 크렙스에 따르면 '순수한 자연'은 존재하긴 하지만 그 양이 급격히 줄고 있고, '순수한 인공물'은 사실상 존재하지 않는다.[14] 따라서 우리가 자연을 보호한다고 말할 때의 자연은 이 스펙트럼의 한가운데, 즉 순수한 자연과 순수한 인공물 사이의 어딘가에 위치하는 것이다. 곧, 환경보호는 이미 인간의 개입이 이루어진 자연, 자연과 인공물 간 경계가 모호한 인공적 자연을 주요 대상으로 삼아야 한다는 주장이다.[15]

이러한 주장에 따르면, 인간의 손길이 닿지 않은 야생 상태의 자연만을 진정한 자연으로 간주하는 '원생자연 중심 자연관'은 현실성이 떨어지며, 더 이상 설득력을 얻기 어렵게 된다. '때 묻지 않은 야생, 황야'라는 개념은 이제 현실이 아니라 꿈같은 상상 속의

14 순수한 인공물이 존재하지 않는 까닭은 인간이 어떤 인공물을 창조하건 자신이 창조하지 않은 재료에 의존하기 때문이다. 크렙스는 종교적 가르침에 따르면 무로부터의 창조가 가능하지만 그것은 오직 신만이 할 수 있는 일이라고 말한다. Angelika Krebs, *Ethics of Nature: A Map*(Berline: De Gruyter, 2000), p.6 참조.

15 Ibid., pp.6-7 참조.

산물에 가깝기 때문이다. 이처럼 자연이 먼 곳에 존재하지 않고 우리 주변의 도처에 존재한다면, 우리에게 새로운 과제가 주어진다. 그것은 '때 묻지 않은 야생 자연'과 같은 낭만적인 관념 대신에 자연과 인간의 관계를 보다 유기적으로 이해할 필요가 있다는 것이며, 이는 곧 새로운 자연관의 필요성을 시사한다.

필자는 이러한 새로운 자연관을 '야생적 정원(rambunctious garden)'[16]으로서의 자연관이라 부르고자 한다. 이 개념은 지구상의 자연을 단순히 인공적으로 꾸미는 정원처럼 가꾸는 것이 아니라, 그 안에 '야생성'이 깃들 수 있도록 조성한다는 의미를 내포한다.

이 자연관의 특징을 좀 더 살펴보면 다음과 같다.

첫째, 자연과 인간은 서로 분리된 존재가 아니라 긴밀하게 얽혀 있는 관계 속에 있다고 본다.

둘째, 자연 보호의 목표는 과거의 원시성 회복이 아니라 생태계의 생물다양성과 기능을 유지하는 데 둔다.

셋째, 자연 보호란 단순히 인간의 무개입이 아니라, 자연이 스스로 회복할 수 있도록 환경을 '능동적으로 설계하고 관리'하는 과정

---

16 이 표현은 엠마 매리스의 저서 *Rambunctious Garden: Saving Nature in a Post-Wild World*에서 차용한 개념으로, 전통적인 자연 보호 방식에서 벗어나 인간과 자연이 공존하는 보다 유연하고 역동적인 생태계를 의미한다. 이 개념은 자연을 '인간의 개입 없이 보호해야 할 순수한 상태'로 보는 시각에서 벗어나, 인간의 영향을 포함하더라도 다양한 생태적 요소들이 어우러져 지속가능성을 유지하는 환경을 지향한다. 이러한 맥락에서 필자는'야생적 정원'이라고 옮겼으며, 이는 자연이 고정된 형태가 아니라 끊임없이 변화하고 인간과 상호작용하며 진화한다는 의미를 반영한 것이다.

으로 본다. 곧, 인간은 자연을 해치는 훼방꾼이 아니라 책임 있는 조율자로서 자리매김한다. 요컨대 자연을 '정원처럼' 관리하되 통제와 질서만이 아닌 야생성과 예측 불가능성도 함께 허용하자는 입장이다.

이러한 '야생적 정원'의 관점은 생태복원 반대 측의 한계를 극복할 수 있는 동시에, 생태복원 찬성 측의 입장과도 접점을 형성할 수 있는 장점을 지닌다. 반대 측은 '순수한 야생'만을 진정한 자연으로 간주함으로써 자연의 범위를 지나치게 협소하게 정의하고 있고, 이는 그들의 자연 보호 논리가 자기 기만적이라는 한계를 드러내준다. 반면에 찬성 측과는 다음과 같은 몇 가지 공통점을 발견할 수 있다.

첫째, 자연을 원래 상태로 되돌릴 수 없다는 현실을 직시하고, 인간의 책임 있는 개입이 필요하다는 점을 강조한다.

둘째, 복원이란 자연을 인공적으로 재구성하는 것이 아니라 자연이 스스로 기능을 회복할 수 있도록 돕는 과정으로 이해한다.

셋째, 인간은 자연의 지배자가 아니라 자연과 공존하며 책임을 다해야 하는 존재로 본다.

결론적으로 '야생적 정원'으로서의 자연관은 생태복원에 대한 찬·반 양측의 입장을 조화롭게 통합할 수 있는 철학적 기반이 된다. 이 관점은 양측의 핵심 논점을 반영하면서도 보다 현실적이고 실천적인 자연 보호의 방향을 제시한다는 점에서 의미가 있다.

13 환경실용주의는 우리에게 무엇을 남기는가?

이 장을 열며

13장에서는 환경실용주의의 의의와 그 한계를 종합적으로 검토한다.

환경실용주의는 기존 환경윤리학이 이론적 논쟁에 매몰되어 정책 형성이나 실질적 문제 해결에 거의 기여하지 못했다는 비판에서 출발한다. 이러한 배경 속에서 환경실용주의자들은 환경윤리학이 실효성 있는 대안을 제시하는 실천 지향적 전환을 이루어야 한다고 주장한다.

이 장에서는 이러한 주장의 의의를 세 가지 측면에서 찾는다. 즉,

① 기존 환경윤리학의 한계를 성찰하고 이론과 현실의 단절을 극복하려는 계기를 마련했다는 점,

② 다양한 학문 분야와의 학제적 연계를 통해 실천적 해결의 가능성을 확장했다는 점,

③ 상이한 가치관을 조율하고 합의를 도출하려는 민주적 태도를 중시했다는 점이다.

이러한 측면에서 환경실용주의는 환경문제 해결을 위한 실질적 철

학으로 자리매김하며, 환경윤리학의 '제2의 물결'을 이끌었다고 평가할 수 있다.

그러나 환경실용주의는 동시에 여러 비판에 직면한다. 특히 사무엘손(Lars Samuelsson)은 환경실용주의가 철학의 본질인 이론적 탐구를 희생시키고 실용성만을 강조함으로써 철학적 깊이를 상실했다고 비판한다. 그는 이를 '환경철학과 실용주의의 나쁜 결혼'이라 부르며, 환경윤리의 이론적 성찰과 정책적 실천은 서로 다른 차원에서 병행되어야 한다고 주장한다.

이에 대해 본 장은 환경실용주의를 단순히 철학의 타락으로 보는 시각에 반대한다. 오히려 환경실용주의는 기존 환경윤리학의 한계를 넘어, 실질적 대안을 중시함으로써 현실 문제 해결에 직접적으로 기여하려는 새로운 형태의 실천철학으로 이해되어야 한다고 본다.

1. 환경실용주의의 의의

환경실용주의가 등장하게 된 배경에는 기존 환경윤리학이 실패했다는 문제의식이 자리하고 있다. 환경윤리학은 복잡한 이론적 논쟁에 매몰되어 더 이상 앞으로 나아가지 못했을 뿐 아니라, 실제적인 환경정책의 수립에도 큰 영향을 주지 못했다는 비판을 받은 것이다. 이에 환경실용주의자들은 환경윤리학이 이러한 실패를 딛고 성공을 거두려면 실용주의적 선회, 곧 환경문제에 대한 실효성 있는 해결책을 찾는 방향으로 전환할 것을 주장한다.

그렇다면 이러한 환경실용주의가 갖는 의의는 무엇이고, 동시에 그 한계는 무엇인지 이에 대해 생각해 보기로 한다.

먼저 환경실용주의의 의의는 기존 환경윤리학에 대한 자기 성찰을 토대로 현 상황을 진단하고, 새로운 방향을 제시하는 계기를 마련해주었다는 점에서 찾을 수 있다. 사실 환경윤리학은 등장 이후 많은 이론적 성과를 쌓았고, 학문적 기반 또한 상당 부분 구축할 수 있었다. 그 과정에서 환경윤리학이 가져다 준 긍정적 효과 또한 분명하다 할 수 있다.

환경윤리학은 무엇보다 인간의 내면세계, 곧 가치관의 변화를 촉구함으로써 자연을 단순히 인간의 목적을 위한 수단으로 보는 인식을 넘어 자연 자체의 소중함을 일깨워 주었다. 이는 환경보호에 대한 책임감을 고취하는 데 기여했으며, 교육 현장에서도 학생들의 생태학적 소양을 키우고 환경보호의 동기를 부여하는 데 도움을 주었다. 더불어 환경윤리학은 환경보호를 옹호하는 다양한 사회·문화적 환경운동에도 중요한 영감을 제공했다.

하지만 이러한 긍정적 변화와 함께 한계 또한 표면화하였다. 주지하다시피 환경윤리학은 응용윤리학의 한 갈래로 여겨진다. 응용윤리학의 핵심적 물음은 "구체적인 도덕 문제를 어떻게 해결할 것인가?"이다. 이를 위해 응용윤리학은 규범윤리학에서 제공된 도덕 원리를 구체적인 도덕 문제에 적용하여 그 해결 방안을 모색한다.

규범윤리학과 응용윤리학의 관계는 마치 물리학과 공학의 관계와 유사하다 할 수 있다. 물리학이 다양한 물체의 성질이나 작용 등을 해명한다면, 공학은 물리학의 성과를 활용하여 실제로 공업 제품을 만들어낸다. 마찬가지로 규범윤리학이 옳은 일이란 무엇인지를 탐구한다면, 응용윤리학은 실제 현장에서 옳은 일을 행할 수 있도록 조언이나 제언을 시도한다. 예를 들면 안락사나 지구온난화와 같은 현실적인 문제에 대해 지금까지의 찬성론과 반대론을 검토하고, 필요하다면 정책 제언과 같은 실천적 해결책을 제시하는 것이다.

하지만 환경실용주의자들에 따르면 환경윤리학은 환경문제에 대한 실질적인 해결책을 제시하는 데 있어 어려움을 겪는다. 환경윤리학에선 복잡한 철학적 논쟁을 수반하는 경우가 많기 때문이다. 예를 들면, '자연의 내재적 가치'를 둘러싼 철학적 논쟁은 특정 환경문제의 해결 방법에 대한 합의를 오히려 방해할 수 있다. 따라서 환경윤리학이 앞으로 더 나은 발전을 모색하려면 이론적 논쟁에서 벗어나 먼저 실행 가능한 해결책을 찾는 데 주력해야 한다. 환경윤리학이 바로 이러한 자기 성찰과 새로운 방향 모색을 하게 된 데에는 환경실용주의자들의 문제 제기가 중요한 역할을 했고, 이 점은 환경실용주의가 갖는 큰 의의라 할 수 있다.

환경실용주의의 또 다른 중요한 특징은 학제적 성격을 강화한다는 점에서도 발견할 수 있다. 환경실용주의는 철학만의 독립된 영역에 머무르지 않고 과학, 정책, 사회운동 등과 협력하는 방식을 중시한다. 이를 통해 학문적 논의와 실제 사회문제 간의 간극을 줄이려 하는 것이다. 더불어 환경실용주의는 서로 다른 입장을 조율하는 합의 지향적 태도를 강조한다. 다양한 가치관을 가진 집단들이 있을 때, 단순히 실효성만을 찾으려 하기보다 각 집단이 받아들일 수 있는 공통점을 찾아내며 합의를 이끌어내려 한다. 즉, 환경실용주의는 현실적인 해결책을 제시하는 동시에 다양한 입장을 조정하고 중재하는 역할까지 맡는 것이다.

정리하자면 환경실용주의의 의의는 크게 세 가지로 요약할 수 있다. 첫째, 기존 환경윤리학의 한계에 대한 성찰을 토대로 새로운 방향을 제시한다는 점, 둘째, 다른 여러 학문 분야와 협력하여 학문적 논의와 현실 문제 사이의 간극을 메우려 한다는 점, 셋째, 서로 다른 가치관을 가진 집단 간의 합의를 중시하며 중재자로서의 역할을 강조한다는 점이다.

2. 환경실용주의에 대한 비판과 평가

환경실용주의는 기존 환경윤리학과 환경철학이 지나치게 이론적 논쟁에 몰두한 나머지, 현실의 환경문제에 효과적으로 대응하지 못했다는 비판에서 출발한다. 이러한 문제의식을 바탕으로 환경실용주의자들은 환경윤리가 더 이상 추상적 논의에 머물러서는 안 되며, 보다 현실 지향적이고 학제적 방향으로 전환되어야 한다고 주장한다. 이들이 제기하는 비판과 제안에는 분명 설득력 있는 측면이 있다.

그러나 동시에 환경실용주의를 그대로 받아들이기에는 쉽게 넘기기 어려운 지점도 존재한다. 무엇보다 환경실용주의자들은 기존의 환경윤리학·환경철학이 사실상 실패했다고 단정하고, 그 대안으로 실용주의 노선을 채택해야 한다고 주장하는데, 과연 환경윤리학·환경철학과 실용주의가 철학적으로 조화롭게 결합될 수 있는지에 대해서는 심각한 의문이 남는다. 아래에서는 바로 이 물음을 중심에 두고, 환경실용주의에 대한 비판과 그에 대한 평가를 살펴보려 한다.

사무엘손에 따르면, 철학은 본질적으로 이론적 학문으로서 우리를 당혹스럽게 하는 수수께끼 같은 문제를 명료화하기 위한 노력이다. 그러나 환경실용주의는 당혹스러운 문제에 대한 명확한 해답을 탐구하기보다, 실용적인 이유를 들어 오히려 문제 자체를 회피하라고 조언하는 듯한 태도를 보인다. 이런 점에서 환경실용주의는 과연 철학적 입장으로서 충분한 정당성을 가질 수 있는가 하는 의문이 제기된다.[1]

가령 자연의 내재적 가치에 관한 이론적 논쟁이 환경정책 수립을 위한 합의 도출에 방해가 된다고 가정해 보자. 이런 상황에서 환경실용주의자들은 대개 "논쟁을 멈추자"라고 주장할 것이다. 그들은 이론적 논쟁에서 실질적으로 유용한 결론은 거의 나오지 않는다고 보기 때문이다.

하지만 사무엘손은 이에 대해 중요한 반론을 제기한다. 그는 철학자라면 어떤 문제에 관해 논할 때 실용적 고려에 휘둘려선 안 된다고

---

1 Lars Samuelsson, "Environmental pragmatism and environmental philosophy: a bad marriage!," *Environmental Ethics*, 32, no.4(2010), p.408 참조. p.408 참조.

지적한다.[2] 즉, 철학자는 그 결과와 상관없이 우리를 당혹스럽게 하는 문제에 끝없는 질문을 던지고, 그 답을 찾으려는 노력을 이어가야 한다는 것이다. 따라서 이론적 논의에서 직접적인 유용성을 기대하는 것은 철학자의 올바른 자세가 아니다. 실제로 환경철학뿐만 아니라 많은 철학적 논의에서 당장 눈에 띄는 실용적 성과는 거의 나오지 않는다. 그러나 자연의 내재적 가치의 가능성에 관심이 있는 환경철학자라면 실용적 관련성과 무관하게 그 탐구를 지속할 수 있어야 한다. 사무엘손은 이를 분명히 하며 이렇게 말하고 있다.

> 자연에 내재적 가치가 있는지에 대한 물음은 그 자체로 흥미롭고 중요한 철학적 문제이다. 설사 그 논의가 환경운동가들의 정책 형성에 다소 장애가 되더라도 추구해야 할 이유가 충분하다. … 환경철학의 이론적 논의가 좋은 환경 정책을 개발하는 데 방해가 된다는 환경실용주의자들의 우려는 지나치게 과장된 것이다.[3]

환경철학자들의 연구가 실용적인 환경정책의 형성에 도움을 주는지의 여부와 상관없이 그들의 이론적 탐구 자체는 지속될 필요가 있다는 주장이다. 나아가 사무엘손은 환경실용주의가 지향하는 실용적 목표가 곧 환경철학의 궁극적 목표가 되어선 안 된다고 말한다.

2 Ibid., p.409 참조.

3 Ibid., pp.412-413.

> 라이트와 캐츠가 '지금 당장 환경문제에 대한 실행 가능한 해결책을 찾는 것'을 가장 중요한 목표로 삼는다면, 이는 분명 칭찬할 만한 시도이지만 … 그것이 환경철학 자체의 궁극적 목표가 되어선 안 된다.[4]

사무엘손에 따르면 환경실용주의는 전혀 어울리지 않는 환경철학과 실용주의를 억지로 결합한 '나쁜 결혼'의 결과물이다. 두 영역의 목표는 성격이 엄연히 다르며 서로 독립적이다. 자연의 내재적 가치에 관한 이론적 논쟁과 실행 가능한 해결책을 찾는 일은 대립하는 것이 아니라 각각 다른 차원에서 병행될 수 있는 과제이다. 곧, 자연의 내재적 가치에 대한 논의는 환경윤리학의 고유한 학문적 주제인 반면, 실행 가능한 해결책 모색은 환경운동 전반(즉 사회 전체)의 과제에 속한다.

따라서 환경윤리학·환경철학은 더 큰 환경운동의 일부로 이해할 수 있고, 그 안에서 특정한 역할을 맡고 있다. 이 대규모 운동의 목표는 실행 가능한 해결책을 찾는 것이지만, 환경윤리학의 역할은 바로 그 해결책이 근거할 수 있는 이론적 토대를 제공하는 것이다.[5] 요컨대 환경철학과 실용주의는 그 역할이 다른 만큼 이를 결합하여 '환경실용주의'를 주장하는 것은 수용할 수 없다는 게 사무엘손의 주장이다.

4 Ibid., p.413

5 Ibid., p.413 참조.

환경실용주의는 환경문제에 대한 추상적 논의나 이론적 탐구보다 현실에 적용 가능한 해결책 모색을 주 과제로 삼는다. 하지만 이러한 환경실용주의가 사무엘손이 보기에는 철학의 본질을 망각하고 외면하는 일종의 사이비 철학에 다름 아니다. 진정한 환경철학자라면 유용한 해결책과 무관하게 철학 본연의 탐구를 지속해야 함에도 환경실용주의는 오히려 이러한 철학의 본질을 상실하고 있기 때문이다. 따라서 그의 논리에 따르면 환경실용주의는 '둥근 사각형'처럼 서로 결합할 수 없는 형용모순에 지나지 않는다.

그러나 필자는 이러한 사무엘손의 주장에 동의하지 못한다. 사무엘손은 환경실용주의가 출발하게 된 구체적 배경에 대한 충분한 이해를 결여하고 있는 것으로 보이기 때문이다. 환경실용주의는 기존 환경철학·환경윤리학의 한계와 실패에 대한 반성을 토대로 이를 극복하려는 문제의식에서 출발했다.

그러기에 환경실용주의 관점에서 볼 때, 현실 문제 해결을 지향하지 않는 환경윤리학, 혹은 문제를 해결하는 데 적용이 불가능한 환경윤리학은 더 이상 의미를 지니지 못한다. 더불어 형이상학적 차원에서 '논의를 위한 논의'에 몰두하여 현실과 괴리된 독선적인 환경윤리학, 또는 과학적 연구나 정치학 등과의 협력을 외면하여 학제적 성격을 상실한 환경윤리학 역시 응용윤리학으로서의 자격을 갖추지 못한 것으로 평가될 수밖에 없다.

기존의 환경윤리학은 현실 문제 해결 능력에서 한계를 드러내며, 응용윤리학으로서의 역할을 충분히 수행하지 못했다. 이러한 한계를 반성하고 보다 실질적이며 적용 가능한 접근을 모색하고자 등장한 것이 환경실용주의이다. 이러한 배경을 이해한다면 환경실용주의를 단순히 '나쁜 결혼'이라고 비판한 사무엘손의 주장은 다소 과도한 해석으로 여겨진다. 오히려 필자가 보기에 환경실용주의는 환경윤리학의 새로운 지평, 곧 제2의 물결을 연 참신한 시도라고 평가하는 것이 더 타당하다.

물론 환경실용주의가 이론적 정교함보다 실질적 대안 제시에 초점을 맞추다 보니 이론적 엄밀성이 부족할 수 있다는 점은 부인할 수 없다. 그리고 즉각적이고 구체적인 해결책을 강조하다 보면, 장기적이고 지속 가능한 대안보다는 단기적 처방에 머무를 우려 또한 존재할 수 있다.

하지만 이러한 우려에도 불구하고 환경실용주의는 환경문제에 대한 이론적 논쟁보다 구체적 행동을 촉구하며, 시의적절하고 효과적인 대응책을 모색한다는 점에서 중요한 의의를 지닌다. 더 나아가 다양한 관점과 가치를 포용하고 특정 이념에 얽매이지 않음으로써, 서로 다른 이념적 배경을 지닌 집단 간 협력을 도모한다는 점에서도 의미가 크다. 결국 환경실용주의는 문제 해결과 타협을 중시하는 실천적 접근방식으로서 충분히 유용한 가치를 지닌다고 할 수 있다.

참고문헌

김일방, 「환경윤리학에서의 내재적 가치: 존 오닐(John O'Neill)의 논의를 중심으로」, 『초등도덕교육』, 80(2022), 161-190쪽.

김남준, 「생태중심주의에서 내재적 가치 논쟁」, 『윤리교육연구』, 54(2019), 59-118쪽.

이유선, 「실용주의 철학에 대한 이론적 고찰」, 『동서사상』, 8(2010), 51-84쪽.

조동길, 『생태복원 계획·설계론』, 서울: 넥서스, 2011.

장영란, 「원시 신화에 나타난 여성의 상징 미학과 자연관」, 『인문학연구』, 3(1998), 1-16쪽.

Clewell, Andre F. & Aronson, James(조동길 외 역), 『생태복원』 제2판, 서울: 넥서스, 2015.

Callicott, J. Baird., *In Defense of the Land Ethic: Essays in Environmental Philosophy*, Albany: State University of New York Press, 1989.

Elliot, Robert, "Faking Nature," *Inquiry: An Interdisciplinary Journal of Philosophy*, vol.25(1), 1982, pp.81-93.

Jordan Ⅲ, William R., "Restoration, Community, and Wilderness," In Paul H. Gobster and R. Bruce Hull, eds., *Restoring Nature*, Washington, DC: Island Press, 2000.

Jordan Ⅲ, William R., Gilpin, Michael E., Aber, John D., *Restoration Ecology: A Synthetic Approach to Ecological Research*, New York: Cambridge University Press, 1987.

Katz, Eric, "Further Adventures in the Case against Restoration," *Environmental Ethics*, vol.34, 2012, pp.67-97.

Katz, Eric, "Searching for Intrinsic Value: Pragmatism and Despair in Environmental Ethics," *Environmental Ethics*, 9, no.3, 1987, pp.231-241.

Katz, Eric, "The Big Lie: Human Restoration of Nature," *Research in Philosophy and Technology*, vol.12, 1992, pp.231-241.

Katz, Eric, "The Problem of Ecological Restoration," *Environmental Ethics*, vol.18(2), 1996, pp.222-224.

Katz, Eric, *Nature as subject: Human Obligation and Natural Community*, Lanham: Rowman & Littlefield, 1997.

Krebs, Angelika, *Ethics of Nature: A Map*, Berline: De Gruyter, 2000.

Light, Andrew & Katz, Eric, "Introduction: Environmental Thought and Classical American Philosophy," In Andrew Light & Eric Katz, eds., *Environmental Pragmatism*, New York: Routledge, 1996.

Light, Andrew, "Contemporary Environmental Ethics: From Metaethics to Public Philosophy," *Metaphilosophy*, 33, no.4, 2002, pp.426-449.

Light, Andrew, "Ecological Restoration and the Culture of Nature: A Pragmatic Perspective," In Paul H. Gobster and R. Bruce Hull, eds., *Restoring Nature*, Washington, DC: Island Press, 2000.

Light, Andrew, "The Urban Blind Spot in Environmental Ethics," *Environmental Politics*, 10, no.1, 2010, pp.7-35.

Light, Andrew, "Urban Ecological Citizenship," *Journal of Social Philosophy*, 34, no.1, 2003, pp.44-63.

Marris, Emma, *Rambunctious Garden: Saving Nature in a Post-Wild World*, New York: Bloomsbury USA, 2011.

Minteer, Ben A., "Pragmatism: Environmental Ethics, Sustainability Science, and the Recovery of Pragmatism," In Stephen M. Gardiner and Allen Thompson, eds., *The Oxford Handbook of Environmental Ethics*, New York: Oxford University Press, 2017.

Norton, Bryan G., "Environmental Ethics and Weak Anthropocentrism," *Environmental Ethics*, 6, no.2, 1984, pp.131-148.

Norton, Bryan G., "Integration or Reduction," In Andrew Light & Eric Katz, eds., *Environmental Pragmatism*, New York: Routledge, 1996.

Norton, Bryan G., *Toward Unity among Environmentalists*, Oxford: Oxford University Press, 1991.

Parker, Kelly A., "Pragmatism and Environmental Thought," In Andrew Light & Eric Katz, eds., *Environmental Pragmatism*, New York: Routledge, 1996.

Regan, Tom, *The Case for Animal Rights*, Berkeley: University of California Press, 1983.

Rolston Ⅲ, Holmes, *Environmental Ethics: Duties to and Values in the Natural World*, Philadelphia: Temple University Press, 1989.

Rolston Ⅲ, Holmes, *Philosophy Gone Wild*, Amherst: Prometheus Books, 1986.

Sagoff, Mark, *The Economy of the Earth*, Cambridge: Cambridge University Press, 1988.

Samuelsson, Lars, "Environmental pragmatism and environmental philosophy: a bad marriage!," *Environmental Ethics*, 32, no.4, 2010, pp.405-415.

Weston, Anthony, "Beyond Intrinsic Value: Pragmatism in Environmental Ethics," In Andrew Light & Eric Katz, eds., *Environmental Pragmatism*, New York: Routledge, 1996.

Weston, Anthony, "Beyond Intrinsic Value: Pragmatism in Environmental Ethics," *Environmental Ethics*, 7, no.4, 1985, pp.321-339.

The SER International Primer on Ecological Restoration, (https://www.ctahr.hawaii.edu/littonc/PDFs/682_SERPrimer.pdf).

William R. Jordan III, (https://en.wikipedia.org/wiki/William_R._Jordan_III).

찾아보기

ㅇ

ㅈ

김일방

경북대 사범대를 졸업하고 같은 대학 대학원에서 석사와 박사학위를 받았다. 제주대 강사, 한라대 겸임교수를 거쳐 현재는 제주대 사회교육과에 재직하고 있다. 옮긴 책으로는 『환경윤리란 무엇인가』, 『현대윤리에 관한 15가지 물음』(공역), 『삶, 그리고 생명윤리』(공역), 『모럴 아포리아』(공역) 등이 있고, 지은 책으로는 『환경윤리의 쟁점』, 『환경윤리의 실천』, 『환경문제와 윤리』, 『환경사상의 흐름』, 『미래를 위한 환경철학』(공저), 『서양의 환경생태철학』(공저) 등이 있다.

환경실용주의

13가지 물음으로 읽는 새로운 환경철학

2026년 1월 15일 초판 1쇄 펴냄

지은이 김일방
펴낸이 김흥국
펴낸곳 보고사

책임편집 이경민
표지디자인 김규범

등록 1990년 12월 13일 제6-0429호
주소 경기도 파주시 회동길 337-15 보고사
전화 031-955-9797
팩스 02-922-6990
메일 bogosabooks@naver.com
http://www.bogosabooks.co.kr

ISBN 979-11-6587-948-8 93300

정가 17,000원